Les sépultures de catastrophe

Approche anthropologique des sites d'inhumations en relation avec des épidémies de peste, des massacres de population et des charniers militaires

Catherine Rigeade

BAR International Series 1695
2007

Published in 2016 by
BAR Publishing, Oxford

BAR International Series 1695

Les sépultures de catastrophe

ISBN 978 1 4073 0137 2

BAR Publishing is the trading name of British Archaeological Reports (Oxford) Ltd.
British Archaeological Reports was first incorporated in 1974 to publish the BAR
Series, International and British. In 1992 Hadrian Books Ltd became part of the BAR
group. This volume was originally published by Archaeopress in conjunction with
British Archaeological Reports (Oxford) Ltd / Hadrian Books Ltd, the Series principal
publisher, in 2007. This present volume is published by BAR Publishing, 2016.

Printed in England

BAR
PUBLISHING

BAR titles are available from:

BAR Publishing
122 Banbury Rd, Oxford, OX2 7BP, UK
EMAIL   info@barpublishing.com
PHONE   +44 (0)1865 310431
FAX   +44 (0)1865 316916
www.barpublishing.com

SOMMAIRE

INTRODUCTION

Le regard anthropologique que l'on peut porter sur la mort massive, inattendue et collective est le sujet de cette étude. L'objectif principal est d'explorer ce que fut la gestion funéraire des morts collectives, à travers l'étude des sépultures de catastrophe et de quelle manière les populations du passé ont pu faire face à ces mortalités extraordinaires. Quels ont été les traitements mis en œuvre ? Les pratiques observées sont-elles récurrentes ou totalement liées à un opportunisme de circonstance ?

Cette recherche aborde la question essentielle des morts collectives sous un angle anthropologique, l'interrogation centrale étant : la mort d'un groupe d'individus lors d'une épidémie, lors de guerres, ou d'un massacre de population, ne suscite-t-elle pas des réactions et des pratiques spécifiques en lien avec la nature de la crise ? L'effet de masse, la quantité de cadavres à gérer, ont-elles conduit à modifier les pratiques funéraires ?

Les sépultures de catastrophe, seront abordées ici telles que les considèrent les anthropologues, c'est-à-dire comme ***"l'inhumation simultanée de plusieurs individus dont le décès est survenu dans un laps de temps très court."*** Cette définition, et les notions plutôt vastes, qu'elle implique constituent l'un des axes de cette recherche. Il s'avérait donc nécessaire de déterminer quels étaient les types d'inhumations et de sépultures concernés, le nombre d'individus impliqués, ainsi que l'intervalle chronologique pendant lequel une sépulture de catastrophe est réellement utilisée.

A ce jour, bien rares sont les travaux de synthèse et de réflexion ayant porté sur cette thématique. On comprendra aisément que pour aborder un tel sujet nous ayons fait le choix de conduire une étude diachronique et la plus exhaustive possible. Dans un premier temps il nous a semblé important de nous attarder sur les dénominatifs souvent employés dans la littérature pour désigner ces sépultures. Puis il s'est avéré nécessaire de dresser un bilan des recherches menées sur le sujet, à partir des découvertes et des études conduites tant dans le cadre de l'anthropologie funéraire, que dans le cadre de l'anthropologie médico-légale.

Notre participation active sur les fouilles de sépultures de catastrophe, notamment en Italie dans le cadre de notre cotutelle franco-italienne, mais également sur de nombreux autres sites, nous a permis non seulement de réaliser un certain nombre d'observations *in-situ*, mais également d'acquérir une expérience sur la fouille de ces ensembles funéraires. Toutefois, il convenait d'élargir notre étude à d'autres sites issus de contextes similaires et/ou différents. Nous avons donc complété les données collectées sur le terrain par un grand nombre de données bibliographiques afin de constituer un *corpus* référentiel le plus exhaustif possible pour notre réflexion. Dans la perspective de proposer une nouvelle définition de la sépulture de catastrophe nous nous sommes attachés à relever sur les sites retenus, les caractéristiques les plus pertinentes, mais également les plus variantes de ces sépultures.

Afin de conduire plus avant nos interprétations et nos réflexions, nous avons pris conscience de la nécessité de comparer tous les résultats obtenus, en occultant la nature de la crise, le cadre spatial et chronologique des sépultures de catastrophe, pour mettre en évidence les notions fondamentales à la compréhension de tels ensembles.

CHAPITRE 1 : DEFINITIONS ET ETYMOLOGIE

L'ensemble de la littérature témoigne de l'emploi récurrent d'un certain nombre de termes ou d'expressions pour désigner les sépultures de catastrophe. Nous retrouvons fréquemment les mots « charnier » ou terme « fosse commune » pour mentionner la présence d'un certain nombre de cadavres sur un site, ainsi que pour caractériser une sépulture de catastrophe. L'utilisation de ce vocabulaire imprécis entraîne une certaine confusion dans l'approche même des sépultures de catastrophe, car les dénominations varient considérablement d'un auteur à un autre. Il nous a donc semblé nécessaire de reprendre ici les termes descriptifs utilisés dans la littérature, ainsi que les différentes définitions proposées à ce jour pour ce type de sépulture.

1. - FOSSE COMMUNE ET CHARNIER

Ces deux modes d'inhumation existent pratiquement depuis que l'homme enterre ses morts. Sur un plan étymologique, la fosse commune ou le charnier, définissent des contextes bien différents de celui qu'on leur attribue aujourd'hui.

1. 1. - La fosse commune

Le contexte dans lequel la fosse commune prend place au sein des cimetières varie sensiblement d'un auteur à l'autre. On situe son apparition à la période médiévale, avec celle de l'aître et du charnier (les plus vieux mots pour désigner le cimetière). Par définition, c'est la fosse où étaient déposés les gens du commun au fur et à mesure des décès (Crubezy, 2000). Jusqu'à la fin du XVIIIe siècle, c'est là qu'on enterrait les morts des groupes sociaux les plus pauvres, ceux qui ne payaient pas les droits à l'inhumation. L'exiguïté des sépultures et le surpeuplement des espaces sépulcraux, notamment à Paris, auraient également participé à l'emploi des fosses communes (Suttel, 1986; Thibaut-Payen, 1977). Durant toute la période médiévale, chaque cimetière possédait toujours une fosse commune ouverte, parfois deux. Au bout de quelques années, ou de quelques mois, lorsqu'elles étaient pleines, on les fermait et on en creusait d'autres à côté (Aries, 1977a).

La fosse commune peut être longue ou de modeste dimension, ouverte seulement à cinq ou six personnes enterrées en même temps (Alexandre-Bidon, 1998), contenant de 1 200 à 1500 cadavres (Aries, 1977a), ou comportant quinze à vingt couches de cadavres (Anonyme 30, 2002). A partir du XIIe siècle, au cimetière des Innocents, les fosses communes ont une profondeur variant entre cinq et quinze mètres et reçoivent de 100 à 1800 cadavres, par couches superposées, séparées en principe par quelques pelletées de terre. On retrouve le même type de pratique dans d'autres régions. Ainsi à Clermont-Ferrand, la fosse commune est décrite comme un grand fossé, qui s'étend sur toute la longueur des cimetières, profond de quatre à cinq pieds. On y place trois à quatre corps les uns sur les autres, en les séparant par une légère couche de terre jusqu'à ce que le fossé soit rempli dans toute sa longueur (Thibaut-Payen, 1977).

Trois siècles auparavant, Chilpéric III avait interdit de remplir les fosses communes en superposant les corps sans les séparer par une couche de terre (Suttel, 1986). Cette interdiction ne fut que très irrégulièrement observée, et c'est pour cela qu'elle fut reprise dix siècles plus tard dans le décret du 23 prairial an XII (12 juin 1804). Dans la fosse commune, les corps ne devaient désormais plus être superposés, mais toujours juxtaposés. Les pauvres furent donc enterrés dans une tranchée continue, les uns à côté des autres et non plus les uns au-dessus des autres. La distance entre les fosses et leur profondeur était précisée exactement. Aucune fosse ne devait être ouverte ni réutilisée avant un délai de cinq ans (Anonyme 76, 2002; Aries, 1977b). Si l'on s'en réfère à cette utilisation de la fosse commune, l'anthropologue qui serait confronté à une telle fosse sur le terrain, se retrouverait face à des inhumations successives et donc à une sépulture collective.

Pour autant l'usage de la fosse commune ne se limite pas à l'inhumation à bas prix des plus pauvres décrite précédemment. Elle répond également à l'exigence d'un ensevelissement rapide des cadavres lors de flambées épidémiques (Alexandre-Bidon, 1998; Lorans, 2000). De nombreuses sources littéraires décrivent comment, pendant les épidémies de peste, les corps sont jetés ou entassés pêle-mêle, à la hâte, dans des fosses communes prévues à cet effet. En France, ce mode d'inhumation et la mise en place de telles fosses est souvent attribué (à tort) aux épidémies de peste de la seconde moitié du XIVe siècle souvent regroupées sous l'appellation d'épidémies de Peste Noire (Aries, 1975, 1977a; Delumeau, 1978; Miquel, 1999; Naphy et al., 2000). La fouille anthropologique de telles fosses a mis en évidence comme nous le verrons par la suite, des sépultures multiples avec des dépôts simultanés d'un plus ou moins grand nombre de corps, selon les cas.

De nos jours, les fosses communes sont réduites à des caveaux ou des cuves où sont rejetés les restes osseux une fois que les tombes d'un cimetière ont été désaffectées (Crubezy, 2000). Cette dernière pratique, la réaffectation de concessions funéraires, est essentiellement représentée par les inhumations mises en terre commune. Il s'agit de concessions qui sont faites en général pour une durée de cinq ans. A la fin de cette période, si les descendants ne se manifestent pas, les restes du défunt sont exhumés et réinhumés dans une fosse commune.

La fosse commune, telle que nous l'entendons (inhumations multiples et simultanées, ne se justifie que dans une conjoncture bien définie et exceptionnelle (Thomas, 1980). Mais elle n'en demeure pas moins associée à des crises brutales de mortalité.

1. 2. - Le charnier:

Du latin *carnarium* le mot apparaît dans la langue française dès 1080 et désigne d'après son étymologie un « croc à suspendre la viande, un garde-manger » (Rey, 1998). Cependant, le mot désigne très vite le cimetière dans la langue parlée (Aries, 1977a). A partir du VIIIe siècle, le mot charnier est utilisé dans les textes médiévaux au sens d'ossuaire (Rey, 1998). Il conserve toujours le sens général de cimetière mais, à la fin du Moyen Age, il désigne un lieu spécifique où l'on dépose et où l'on expose les ossements : c'est-à-dire l'ossuaire, mais aussi les galeries qui l'entoure le plus souvent. L'excédent des fosses communes, était rangé dans la partie haute de ces galeries, sous les toits. Entre l'église et le cimetière, le charnier représentait donc un lieu intermédiaire (Vovelle, 1983). Au XVIIe siècle le mot charnier ne désigne plus que la galerie autour de l'église et de sa cour. Il devint vite archaïque, et c'est alors que le mot cimetière, issu du latin ecclésiastique et déjà employé depuis le XVIe siècle, s'impose définitivement à la langue parlée (Aries, 1977a). Au XVIIIe siècle on cesse d'édifier des charniers sous la forme traditionnelle (Vovelle, 1983).

Le mot charnier a conservé son sens "d'endroit où l'on met les morts", toutefois il est employé actuellement pour désigner "un endroit où s'amoncellent de nombreux cadavres".

Dans le cadre de l'anthropologie biologique, de l'archéologie funéraire ou de la médecine légale, le mot charnier est couramment employé pour désigner à la fois le lieu où ont été retrouvés des dépôts primaires, tout comme des dépôts secondaires. Ainsi, sans distinction, un charnier peut désigner une sépulture collective ou une sépulture multiple. On assiste à la même confusion en parcourant la littérature anglo-saxonne.

En anglais le mot charnier se traduit par "mass grave". Outre Manche ou outre Atlantique le terme "grave" est un terme pratique dénotant l'inhumation de "once-living beings". Le terme "mass" désigne une grande quantité ou une taille considérable (Haglund, 2001a). Pour les charniers, relevant du cadre juridique et légal, il n'existe actuellement aucune définition stricte, et la question est toujours débattue (Jessee, 2003; Jessee *et al.*, 2005). A partir de la fin des années 1980, plusieurs définitions du terme de charnier ont émergé, en prenant en compte deux critères :

– le nombre de corps présents dans un charnier doit constituer une masse

– le contexte dans lequel un charnier a été mis en place

Mant suggère qu'il faut nécessairement deux corps, au contact l'un de l'autre. Skinner publia la même année une autre définition. Pour cet auteur, un charnier est une seule et même inhumation d'une douzaine de corps (Skinner, 1987). Il distingue également les charniers où les corps ont été déposés avec soin, des charniers où les corps ont été jetés.

Il n'existe pas de définition précise, concernant les charniers au niveau juridique, avant 1996, date à laquelle un Rapporteur des Nations Unis proposa qu'un charnier puisse être constitué par un nombre minimum de trois individus, à la condition que ces victimes aient été inhumées sommairement, et arbitrairement exécutées. Cette définition exclue donc les victimes d'une confrontation armée et décédées au cours d'un combat. L'année suivante, Skinner suggéra l'emploi du mot charnier dès la présence de six individus (Jessee, 2003).

Pour certains auteurs, un charnier ne se caractérise pas par le nombre d'individus mais par les causes de la mort et les circonstances dans lesquelles les victimes sont décédées (Schmitt, 2001). Pour d'autres une définition plus holistique serait nécessaire, afin d'inclure un contexte anthropologique. Dans cette perspective un charnier pourrait être défini à partir du moment où sont retrouvés les restes d'une ou de plusieurs victimes qui montrent des traits communs dans la cause de la mort (Haglund, 2001b). Enfin la dernière définition retenue par les scientifiques mentionne qu'un charnier est un lieu contenant au moins deux corps déposés simultanément, délibérément ou involontairement. Les victimes retrouvées doivent avoir été exécutées sommairement ou arbitrairement. Cette définition exclut toujours les individus morts au cours d'une confrontation armée, ou d'une catastrophe d'autre nature (Jessee, 2003).

2. - LA SEPULTURE DE CATASTROPHE

Pour les anthropologues, les archéologues, les médecins légistes, les historiens et les démographes, la sépulture de catastrophe est sans équivoque une sépulture multiple. Nous ne retiendrons pas le terme de sépulture plurielle qui n'est utilisé que très rarement comme synonyme. Il s'agit d'un dépôt simultané de plusieurs corps, par opposition à la sépulture collective où les cadavres sont déposés successivement, au fur et à mesure des décès (Boulestin *et al.*, 2005; Castex, 1994, 1995; Courtaud, 1995; Crubezy, 2000; Duday, 2005; Duday *et al.*, 1990; Leclerc, 1990; Leclerc *et al.*, 1988).

Généralement le nombre d'individus impliquant une sépulture multiple, n'est pas considéré dans la définition retenue par les anthropologues et les archéologues. Cependant certains auteurs y font mention : la sépulture multiple peut être réduite à l'inhumation de deux corps dans la même tombe (Tardieu, 1993), ou *a contrario* le terme doit être employé au-delà de trois individus (Castex *et al.*, 2005).

L'appellation « sépulture de catastrophe » n'est utilisée qu'à partir de 1990 par les auteurs francophones (Duday *et al.*, 1990).

Les termes de charnier ou de fosse commune lui sont alors immédiatement attribués comme synonymes (Duday *et al.*, 1990; Guilaine *et al.*, 1998). Pour comprendre dans quel contexte ces inhumations prennent place, il convient de s'attarder sur la notion de catastrophe.

2. 1. - Notion de catastrophe

Le mot catastrophe a été emprunté au latin *catastropha,* du grec *katastrophé* qui signifie "bouleversement, fin, dénouement ". Dans le langage courant "catastrophe" désigne un " désastre brusque et effroyable ", le terme est employé spécialement à propos d'un accident causant de nombreuses victimes ou d'un évènement lourd de conséquences pour la collectivité (Rey, 1998). Il s'agit donc d'un évènement bref (un drame, un désastre, un fléau) qui entraîne des conséquences durables sur la vie économique, sociale, et artistique d'un groupe humain (Leguay, 2005).

La catastrophe implique donc la notion de fléaux, et par conséquent des évènements de nature très diverse : conflits armés, massacres, attentats, génocides, épidémies, catastrophes naturelles, catastrophes sanitaires, catastrophes technologiques… Les sociologues parlent même de catastrophes collectives, qui surviennent quand on ne s'y attend pas, en précisant qu'il est rare que la société soit préparée à de telles morts (Clavandier, 2004). Face à cette anormalité de la mort, et à la situation d'urgence dans laquelle elles se retrouvent, les populations adaptent leurs rites et leur gestion funéraire. Ce sont donc ces sépultures de catastrophe qui permettent notamment de mesurer l'impact d'un évènement sur un groupe d'individus.

2. 2. - Les différents concepts

Si les auteurs français s'accordent à considérer que la sépulture de catastrophe

s'apparente à une fosse commune ou à un charnier, il n'existe à ce jour aucune définition précise et consensuelle. Selon l'expérience de chacun, plusieurs tentatives ont été faites pour caractériser ces sépultures. Malheureusement, on constate une certaine confusion qui peut être imputée à la complexité de la fosse commune et du charnier, comme nous l'avons vu précédemment.

La nature de la crise, c'est-à-dire de la catastrophe, l'évènement, qui a engendré la création d'une sépulture de catastrophe, se limite aux massacres et aux épidémies pour certains auteurs (Blaizot, 1998; Crubezy, 2000; Masset, 2000). Pour d'autres, la conception d'une telle sépulture n'intervient qu'après une "tuerie généralisée" (Guilaine *et al.*, 1998), ou qu'à la suite de décès survenus par maladie ou par accident dans la même famille (Tardieu, 1993).

Les caractéristiques des sépultures de catastrophe sont également sujettes à discussion. Si le dépôt simultané des individus semble être acquis, certaines inhumations secondaires sont pourtant considérées comme des "ensembles de catastrophe" (Blaizot, 1998; Bouville, 1982, 1995). Paradoxalement, les sépultures néolithiques se retrouvent qualifiées de sépultures multiples (Boulestin *et al.*, 2005), alors que l'évidence des dépôts secondaires retrouvées au sein de celles-ci n'est plus à démontrer (Devriendt *et al.*, 2006).

Les postures inhabituelles des corps (position et orientation) sont fréquemment décrites, mais pour autant la sépulture de catastrophe doit comporter une organisation interne raisonnée, significative d'un respect des gestes funéraires (Blaizot, 1998), ce qui apparaît en totale contradiction au vue des contextes dans lesquels ces inhumations prennent place.

Enfin, l'absence de mobilier associé (Castex, 1995) ou au contraire la présence abondante de matériel (Bouville, 1995) retrouvé au contact direct des squelettes, semble être un argument favorable ou défavorable selon le type de sépulture de catastrophe rencontré.

Comme nous l'avons vu dans ce chapitre, les sépultures de catastrophe tout comme les phénomènes qu'elles associent, regorgent de complexité. Face à la difficulté de cerner ce type d'inhumation, nous allons considérer pour cette étude, toute sépulture qualifiée de fosse commune, de charnier ou de sépulture multiple, ainsi que toute sépulture mise en place à la suite d'un évènement catastrophique ; notre objectif étant d'obtenir un corpus de sites le plus large possible, pour en extraire les caractéristiques les plus pertinentes, les plus invariantes et proposer une définition du concept.

CHAPITRE 2 : ETAT DES CONNAISSANCES SUR LES SEPULTURES DE CATASTROPHE

1. - LES SEPULTURES DE CATASTROPHE EN RELATION AVEC DES CATASTROPHES NATURELLES

À ce jour il n'existe qu'un seul exemple archéologique en relation avec une catastrophe naturelle : les victimes de l'éruption volcanique en 79 av. J.-C. retrouvées sur les sites de Pompéi et d'Herculanum. Le site de Pompéi a livré quelques squelettes (Anonyme 10, 1995; Bisel, 1987; Guzzo, 1995), mais surtout les empreintes de nombreux corps, dans les cendres volcaniques, qui ont fait l'objet de moulage dès leur découverte en 1961 ; moulages obtenus par le système de la coulée de plâtre imaginé par Fiorelli. En revanche, 139 squelettes furent mis au jour à Herculanum en 1982 (Bisel, 1987; Guzzo, 1995). Dans ces deux cas il ne s'agit pas de sépultures, au sens de J. Leclerc et J. Tarrête, puisque le dépôt des corps n'est pas intentionnel (Leclerc *et al.*, 1988). Il s'agit en fait de sujets retrouvés dans les abris où ils s'étaient réfugiés et qui furent victimes de nuage ardent. Toutefois ces vestiges constituent le seul " ensemble de catastrophe " résultant d'un désastre naturel.

Par contre la période contemporaine offre malheureusement un précieux corpus d'images de sépultures de catastrophe. En effet, depuis le début du XXe siècle, les catastrophes naturelles donnent à voir la mise en œuvre de gestions funéraires d'urgence (Anonyme 80, 2005; Scaruffi, 2006). La mise en place pressante des moyens sanitaires, la recherche des survivants, le décompte et l'inhumation des victimes font l'objet depuis ces dernières années d'une importante couverture médiatique. Cette médiatisation nous offre ainsi un grand nombre d'exemples de gestion funéraire, en réponse à ce type de catastrophe. Nous avons tous en mémoire l'exemple récent et non combien dramatique survenu en Asie du Sud-Est, à la suite de la catastrophe provoquée par le Tsunami du 26 décembre 2004. La mise en place rapide d'inhumations successives par peur d'une flambée épidémique fut immédiate, internationale et largement relayée par toutes les télévisions marquant ainsi profondément tous les esprits.

2. - LES SEPULTURES DE CATASTROPHE EN RELATION AVEC DES EPIDEMIES

A toutes les époques, les épidémies liées à des hauts pathogènes ont rythmé de leurs sinistres effets l'évolution des sociétés. Elles ont provoqué de brusques déséquilibres au sein des populations du passé, et ébranlé les assises morales et matérielles des groupes humains. Ces empreintes ont été d'autant plus fortes que pour l'essentiel l'importance démographique était la force première de ces sociétés pré-industrielles.

Depuis une vingtaine d'années, le développement des techniques de la biologie moléculaire a permis l'identification de certains types de germes en contexte épidémique et ce sur la base d'échantillons anciens. Dans ce domaine, il a été ainsi possible de mettre en évidence des séquences d'ADN ancien du bacille de la peste (Drancourt *et al.*, 1998; Drancourt *et al.*, 2004; Raoult *et al.*, 2000; Wiechmann *et al.*, 2005), ou plus récemment d'identifier d'autres pathogènes comme le typhus (Raoult *et al.*, 2006) et la fièvre typhoïde (Papagrigorakis *et al.*, 2006).

2. 1. - La peste

De tous les hauts-pathogènes ayant sévi dans nos contrées (nous envisageons ici l'Europe occidentale), *Yersinia Pestis* fut le plus redouté et le plus dévastateur. Immédiatement associée à des crises de mortalité par ses contemporains, et ce dès les débuts de la Première Pandémie (comme en témoigne Procope), la peste a été le fléau le plus redouté et le plus relaté par les chroniqueurs et les historiens. La virulence, la rapidité de transmission et la forte mortalité que la peste a engendré ont profondément marqué les populations du passé, tant sur un plan démographique que culturel. Les retours périodiques de ce fléau, notamment dans le cadre de la Seconde Pandémie, c'est-à-dire entre le XIVe siècle et le XVIIIe siècle, et l'abondance des sources écrites, permettent de situer chronologiquement chaque épidémie.

La première mission internationale fut mise en place en Mandchourie lors de l'épidémie de peste de 1910-1911 ; les corps entassés pêle-mêle ne pouvaient que laisser présager la découverte d'inhumations similaires (Anonyme 5, 1912; Brossolet, 1993).

En Europe, la peste est assez bien connue sur le plan historique, mais c'est en France que l'on décompte le plus grand nombre de sites archéo-anthropologiques liés à des épidémies de peste, qui ont pu faire l'objet d'une fouille et d'une étude quasi-exhaustive. A la fin des années 1970, plusieurs sépultures de catastrophes en relation avec l'épidémie de peste de 1720-1721 semblent avoir été aperçues lors de travaux d'aménagements urbains à Toulon, à Cassis, encore en Arles lors des travaux d'aménagement de l'esplanade des Lices. Mais l'existence de ces sites ne repose que sur des témoignages oraux, difficiles à vérifier (Rigeade *et al.*, 2006a). En 1982, au pied de l'église des Carmes à Marseille, des ossements mêlés à de la chaux furent hâtivement localisés et dégagés après le passage des engins de terrassement (Rigeade *et al.*, 2005).

Il faut attendre 1994, pour que soit fouillé le premier ensemble funéraire de peste, à Marseille, sur le site du Couvent de l'Observance. La présence d'archives historiques, associée à l'évidence archéologique (squelettes enchevêtrés recouverts de chaux) permettait déjà, d'attribuer cette fosse à l'épidémie de peste de 1720-1722, (Signoli, 1998, 2006; Signoli *et al.*, 1996; Signoli *et al.*, 1997). Les analyses de biologie moléculaire réalisées pour la première fois sur des restes osseux, confirmèrent ce diagnostic en mettant en évidence la présence d'ADN ancien de *Yersinia pestis* (Drancourt *et al.*, 1998). Suite à cette découverte, plusieurs sites d'inhumations de pestiférés de la période Moderne (XVIe, XVIIe et XVIIIe siècles) furent mis au jour, en région P.A.C.A. En 1994, trois tranchées contemporaines de l'épidémie de 1720-1721, furent découvertes sur le site du Délos, dans le quartier de Jonquières, à Martigues (Signoli, 1998, 2006; Signoli *et al.*, 1995). En 1996, c'est un cimetière d'infirmerie, contemporain de l'épidémie de 1590, qui fut fouillé exhaustivement à Lambesc (Bizot *et al.*, 2005; Reynaud *et al.*, 1996; Signoli, 1998, 2006). La même année, le charnier de la Tourette, utilisé à Marseille durant la Grande Peste de 1720-1722, ne fit pourtant que l'objet de sondages prospectifs avant les travaux d'aménagements d'un tunnel routier (Bouiron *et al.*, 1994; Signoli, 2000)

L'identification de la peste sur les sites provençaux, par le biais de la biologie moléculaire, incita à d'autres analyses, notamment sur un certain nombre de sites précédemment fouillés en France où les données chronologiques et où les faits archéologiques et anthropologiques permettaient d'envisager une origine épidémique. Il fut ainsi possible d'imputer à la peste de Justinien, qui sévit entre le VIe et le VIIIe siècles, la sépulture retrouvée en 1984, place Camille Jouffray à Vienne (Le Bot-Helly, 1990), ainsi que les fosses du Clos des Cordeliers à Sens, mises à jour en 1989 (Georges, 1997; Guigner, 1997; Drancourt *et al.*, 2004). De même, la biologie moléculaire a pu mettre en évidence l'utilisation, durant la peste noire de 1348, des cimetières Saints-Côme et Damien à Montpellier (Arlaud *et al.*, 1997 ; Crubézy *et al.* 2006 ; Raoult *et al.*, 2000**);**, et Saint Pierre à Dreux (Cabezuelo *et al.*, 1994; Castex, 1994, 1995; Drancourt *et al.*, 2004) qui avaient été fouillés à la fin des années 1980.

En 2000-2001 plusieurs sites furent mis au jour comme la fosse de Notre-Dame de Caderot, à Berre-L'Etang, contemporaine de l'épidémie de 1720-1721 (Blasco *et al.*, 1983; Genot *et al.*, 2000) ou les quatre sépultures de la Butte aux Herbes à Draguignan, mises en place durant l'épidémie de 1650 (Dahy, 2001; Signoli *et al.*, 2001).

Enfin, deux sites importants furent fouillés au cours de l'année 2002 à Lariey (Hautes-Alpes) et à Martigues (Bouches-du-Rhône). La fouille programmée du cimetière d'infirmerie de Lariey, à Puy-Saint-Pierre révéla plus d'une trentaine de sépultures datées de l'épidémie de peste de 1629-1631 (Signoli, 2001; Signoli *et al.*, sous-presse). Quant au site du Couvent des Capucins de Ferrières à Martigues, ce sont cinq tranchées parallèles utilisées lors de l'épidémie de 1720-1721 qui furent fouillées exhaustivement (Tzortzis, 2005; Tzortzis *et al.*, sous presse).

Dans le reste de l'Europe, on recense la présence importante d'ossuaires, constituées à la suite des épidémies de peste, mais peu de découvertes archéologiques.

La plus ancienne est sans doute la fosse découverte en 1931 devant l'église paroissiale de Grund au Luxembourg, où avaient été inhumées les victimes de l'épidémie de 1636 (Harpes, 1952).

En Angleterre les inhumations de pestiférés datées du XIVe siècle, sont connues depuis 1986 avec la fouille importante menée sur le site d'East-Smithfield, en plein cœur de Londres (Farbey, 1987; Grainger *et al.*, 1988; Hawkins, 1990; Mills, 1985). D'autres sites, tous contemporains, *a priori*, de

l'épidémie de 1348 ou tout du moins d'une des épidémies du XIVe siècle furent découverts à partir de 1999 à Spitalfields (Prentice *et al.*, sous-presse), à Broadland (Anonyme 82, 2005), à Magdalen (Anonyme 81, 2001), et à la cathédrale d'Hereford (Beaumont, 2001).

Au début des années 1990, deux sites contemporains de l'épidémie de 1711-1712, furent identifiés en Suède (Ottosson, 1989) et au Danemark (Lynneryp, 1992; Ringboel Bitsch, 1991).

En Allemagne, on identifia en 2000, 27 sépultures doubles, quatre sépultures triples, et deux sépultures multiples (de quatre et cinq individus) de la seconde moitié du VIe siècle, mises en place à Aschheim pendant la peste de Justinien (Anonyme 50, 2003; Reimann *et al.*, 2000; Wiechmann *et al.*, 2005). En revanche, les sépultures multiples datées du XVIe siècle retrouvées dans la province de Salzbourg en Autriche en 2005 semblent être contemporaines d'une épidémie postérieure (Anonyme 73, 2005).

Récemment un ensemble funéraire de peste plus important a été fouillé à Venise, en Italie. A proximité des locaux qui accueillaient les malades et les marchandises des bateaux durant leur quarantaine, les différentes zones funéraires du Lazzaretto Vecchio ont été utilisées pour inhumer les victimes des épidémies de peste qui se sont succédées entre le XIVe siècle et le XVIIe siècle. Une centaine de fosses ainsi qu'une centaine de sépultures individuelles, doubles et triples ont pu être repérées et fouillées en 2004 et 2005 (Gambaro *et al.*, sous-presse)

2. 2. - La fièvre typhoïde

Ce n'est que très récemment, en 2006, que la biologie moléculaire a pu isoler et mettre en évidence une autre grande maladie épidémique. Lorsque la fosse du quartier Kerameikos, à Athènes, fut découverte à la fin des années 90, les faits archéologiques permirent de mettre cette inhumation en relation avec la crise épidémique de 430 av.

J.-C. relatée par Thucydide (Baziotopoulou-Valavani, 2002; Grmek, 1983). A ce jour cet ensemble funéraire constitue le seul exemple de sépulture de catastrophe que nous puissions attribuer à la fièvre typhoïde (Papagrigorakis *et al.*, 2006).

2. 3. - Le typhus

Les épidémies de typhus, survenant dans le sillage des guerres, des grandes migrations de population, sont connues depuis l'Antiquité. Le typhus fit des ravages en Allemagne durant la guerre de Trente Ans (1618-1648). Mais surtout il sévit lors des guerres napoléoniennes, notamment durant la campagne de Russie.

Depuis quelques années, on attribue à ce pathogène l'établissement de certaines sépultures de catastrophe datées de la fin du XVIIIe siècle et du XIXe siècle, sans que ces hypothèses soient confirmées ou infirmées par des analyses de biologie moléculaire ou même par une analyse paléodémographique des squelettes exhumés. C'est souvent la chronologie du site et les archives historiques qui conduisent les archéologues à proposer l'épidémie de typhus, pour justifier la présence de ce type de sépulture. Toutefois, ces cas sont relativement rares.

L'épidémie de typhus fut notamment suggérée pour justifier la découverte d'un charnier, en 1996, sous l'église de Little Dutch au Canada, où une trentaine de personnes avaient été inhumées pêle-mêle à la fin du XVIIIe siècle (Williams *et al.*, 2001). La même cause fut évoquée, pour la mise au jour en 2004 d'une fosse contenant une soixantaine de corps, entre la prison et le vieux château d'Oxford, en Angleterre (Busby, 2004).

Pour certains sites, les causes invoquées pour ces inhumations ne se limitent pas à l'épidémie de typhus mais à plusieurs facteurs. À Ruukki, en Finlande, la sépulture de catastrophe fouillée durant l'été 1996 serait le résultat, d'une part d'une succession d'hivers rigoureux suivis de crises frumentaires importantes ayant sévi entre 1830 et 1860, et d'autre part d'épidémies "de fièvres" fréquentes, notamment de typhus (Särkioja *et al.*, 2004).

L'agent pathogène du *Rickettsia prowaseki* a pu, à ce jour, être isolé sur une sépulture de catastrophe d'origine militaire, découverte en 2002 à Vilnius en Lituanie.

2. 4. - Le choléra

Malgré la fréquence des épidémies de choléra, à partir de la seconde moitié du XIXe siècle, le vibrion cholérique n'a été incriminé que sur deux sites. Sur le site d'Allia (Italie) se sont environ 300 individus, inhumés successivement au cours de l'épidémie de choléra de 1837, qui ont été retrouvés en 1996 dans une cavité naturelle au lieu dit de Camposanto Vecchio (Bigazzi *et al.*, 2002a; Bigazzi *et al.*, 2002b; Chiarelli *et al.*, 2002; Crisafulli, 1996). A Alcalá La Real (Espagne) une sépulture collective de 1200 squelettes contemporaine de l'épidémie de choléra qui sévit dans la ville en 1834, fut découverte en 1999 (Sanchez *et al.*, 1999).

2. 5. - Epidémie non identifiée

Pour de nombreux ensembles funéraires l'absence de pathologies traumatiques sur les squelettes a permis d'écarter l'hypothèse d'un épisode belliqueux. Si la mise en place de ces inhumations semble être due à une épidémie, la nature de la crise n'a cependant pas pu être identifiée de façon formelle. Certains sites ont été attribués récemment à des épidémies de peste mais les analyses en biologie moléculaire n'ont pas encore confirmé cette hypothèse. C'est le cas pour les sépultures multiples datées des VIIIe-Xe siècles découvertes en 1986-1987 sur le site de Venosa en Italie (Macchiarelli *et al.*, 1989), le "charnier" de l'hippodrome de Gerasa en Jordanie (Castex *et al.*, 2005), le site de Palma de Majorque aux îles Baléares (Castex *et al.*, 2005), ou encore le cimetière

Saint benoît de Prague (Castex *et al.*, 2003; Hanakova *et al.*, 1988).

En France, trente ans après leur découverte, la relecture des données de terrain et l'analyse paléopathologique des soixante squelettes découverts en 1974 dans le centre ville de Poitiers, conclut toujours à une crise épidémique (Bœuf *et al.*, 2003).

La nature de la crise reste toujours inexpliquée pour les ensembles funéraires fouillés dans les années 90 dans la cour de l'Archevêché à Grenoble en Isère (Badin De Montjoye, 1993, 1996; Baucheron *et al.*, 1995; Blaizot, 1994, 1995), à Isle-sur-Suippe en Champagne-Ardenne (Bonnabel *et al.*, 1996), à Reischett- Muldosheim dans le Bas-Rhin (Blaizot, 1998), et Rue de la Paix à Arras dans le département du Nord (Gaillard *et al.*, 1998). L'étude anthropologique réalisée récemment sur les squelettes fouillés en 1994-95 à Boulogne-sur-mer (Belot, 1995) semble privilégier l'hypothèse d'une épidémie de variole pour expliquer la présence de ces sépultures multiples (Reveillas *et al.*, 2006).

Les analyses en biologie moléculaire réalisées à partir des dents des squelettes exhumés des deux fosses de l'hospice Sainte-Catherine à Verdun (Meuse) en 1999 (Kuchler, 1999) et de la Place de la Paix à Angers (Maine et Loire) en 2001, n'ont pas objectivé la présence de *Yersinia pestis* et ont relancé les interrogations (Thomas *et al.*, 2004).

La présomption d'une épidémie de peste subsiste pour les inhumations découvertes en 2001 sur la commune de Peypin (Bouches-du-Rhône). Malgré la présence de chaux et la tradition orale qui associent ce site à l'épidémie de peste de 1720-1722, la lecture des faits archéologiques ne permet pas d'attribuer ce site à un contexte chronologique précis (Adalian *et al.*, 2002). Les mêmes soupçons pèsent sur les sépultures médiévales recouvertes de chaux découvertes en 2000 à l'intérieur de l'Eglise Notre-Dame de Bethléem à Remoulins, dans le Gard (Guerre *et al.*, 2000).

Ces cinq dernières années, le développement de l'archéologie préventive en contexte urbain a permis la fouille de grands ensembles sépulcraux. Certains de ces sites ont livré un nombre plus ou moins important de sépultures multiples datées du Moyen Age à l'Epoque Moderne. Les fouilles réalisées en 2000 à l'hôpital Saint-Jean-de-Jérusalem à Epinal (Vosges) ont révélé la présence de quatre sépultures multiples comprenant de trois à six individus, datées du second quart du XVIIe siècle, à mettre en relation avec la Guerre de Trente Ans (1618-1648) ou avec des épidémies de peste[1] (Masquilier, 2000). En 2001 les dépôts simultanés mis à jour au sein du cimetière moderne du Collège Saint Rémi à Reims (Champagne) sont peut-être consécutifs à l'épidémie de choléra de 1832, ce cimetière ayant été utilisé brièvement entre 1795 et 1830 (Bonnabel *et al.*, 2002). L'hypothèse d'une épidémie de peste semble à présent être écartée pour les 14 sépultures multiples fouillées à Issoudun (Indre) en 2002 (Anonyme 41, 2003; Azzaro, 2003; Blanchard, 2002; Castex *et al.*, 2005; Crancon, 2002; Duday, 2004); une crise de mortalité par dysenterie ou par rougeole est actuellement envisagée[2]. En revanche, ce sont les épidémies de peste du XIVe siècle qui ont été évoquées pour la mise en place de onze sépultures multiples découvertes en 2005 dans le cimetière médiéval des pauvres à Bourges dans le Cher (Blanchard *et al.*, 2005).

Les différentes analyses engagées sur les sépultures triples de la chapelle Saint-Nicolas à Saint-Brice-sous-Forêt (Ile-de-France) datées du Ier-IVe siècles (Gauthier *et al.*, 2004) et de la rue Renaudel à Arles dans les Bouches-du-Rhône (Richier, 2005) datées du VIe siècle, fouillées respectivement en 2004 et en 2005 dans des contextes d'urgence absolue, permettront peut-être de déterminer dans quel contexte ces inhumations ont été mises en place.

---

[1] Amaury Masquillier, communication personnelle.
[2] Dominique Castex, communication personnelle.

Enfin il convient de signaler la fouille de deux ensembles funéraires dans la catacombe de Saint-Pierre et Marcellin à Rome. Les datations obtenues à partir de l'analyse du matériel retrouvé au contact direct des squelettes situent ces inhumations entre le IIe et le IIIe siècle a.v. J.-C. La présence de chaux et de linceul permet de poser l'hypothèse d'une épidémie de peste, bien que les fouilles de ce site soient encore en cours[2].

3. - LES SEPULTURES DE CATASTROPHE EN RELATION AVEC UN EPISODE BELLIQUEUX

Nous aborderons dans cette partie les sépultures de catastrophe constituées à l'issue d'une mortalité collective : un massacre de civils, une guerre ou un conflit, en distinguant les découvertes archéologiques, des sites fouillés récemment dans un contexte médico-légal.

3.1. - Les sites archéologiques

A l'issue d'un massacre, d'une guerre ou d'un combat, il a souvent été observé que les survivants confrontés à une anormalité de la mort ne tiennent plus compte des pratiques funéraires et religieuses et enterrent les individus en utilisant la méthode du "the most space-saving" (Sutherland, 2005). Beaucoup de corps sont laissés tels quels sur les champs de bataille. A Azincourt, l'armée anglaise se sentant encore menacée par les troupes françaises laissa ses morts sur les lieux de l'affrontement (Curry, 2000)

Le plus ancien témoignage de ces pratiques serait selon les préhistoriens le site de Djebel Sahaba (Soudan) daté de la fin du Paléolithique ou de l'Epipaléolithique. Sur ce site, 59 individus dont 24 ayant succombé à une mort rapide provoquée par des impacts de flèches ou des coups violents ont été retrouvés dans des fosses ovales (Anderson, 1968).

La fouille d'un tumulus en 1879 sur le site de Chaironeia (Grèce) a mis en évidence une large fosse contenant 254 squelettes. Cette inhumation aurait été mise en place à l'issue de la victoire de Philippe II et Alexandre de Macédoine contre les grecs en 338 av. J.-C. (Bahn, 1996; Pritchett, 1985).

Au début du XXe siècle, au cours de plusieurs campagnes de fouilles menées en Egypte, aux alentours d'Alexandrie, deux sépultures de catastrophe furent découvertes. En 1904, une équipe anglaise découvrit des vestiges du corps d'occupation de Bonaparte en Egypte (Anonyme 4, 1904). En 1908, Giuseppe Botti retrouva de nombreux squelettes humains et des chevaux ensevelis sous des pierres, dans un hypogée inachevé de la catacombe de Kôm el-Chougafa (Beranger-Badel, 2005). Cette découverte fut rattachée au massacre des Alexandrins par Caracalla.

En Europe, le plus important et le plus spectaculaire des sites fut sans aucun doute celui de Wisby, en Suède. Les différentes fouilles effectuées en 1905, puis entre 1928 et 1935, mirent en évidence les dépouilles des soldats qui se sont livrés bataille aux abords de la ville le 27 juin 1361. Ce sont au total 1 185 individus qui furent exhumés de quatre fosses (Ingelmark, 1939). A l'époque de sa découverte le site avait suscité beaucoup de curiosité et d'intérêt, le matériel issu des fouilles de Wisby constitue encore à ce jour l'une des plus importantes collections d'armures médiévales. Parallèlement en France, le charnier de Moeuvres (Nord) publié en 1913 semble passer totalement inaperçu malgré la présence de 200 squelettes enchevêtrés associés à du mobilier daté de la Tène II (Salomon, 1913).

La Première Guerre mondiale interrompra en Europe les fouilles archéologiques jusqu'en 1930. A cette date on peut noter la découverte du site de Cannae (Grèce) qui révéla plusieurs sépultures multiples attribuées à la bataille de 216 av. J.-C. entre Hannibal et les Romains.

La même année fut marquée par la découverte du site de Maiden Castle en Grande-Bretagne d'où furent exhumés 38 corps qui avaient été jetés sans ménagement dans 28 fosses. Au total 23 hommes et 11 femmes furent identifiés, certains de ces individus portaient des traces de traumatismes. Ce site fut mis en relation avec l'invasion romaine du sud de l'Angleterre en 43 ap. J.-C. En 1985-86 de nouvelles fouilles furent entreprises sur ce site, sous la direction de Niall Sharples. Outre le nombre supplémentaire de sépultures mises au jour, cette nouvelle étude permit de relativiser l'hypothèse de villageois et/ou de combattants ayant succombé à une attaque romaine puisque sur les 52 individus exhumés sur le site, seulement 14 présentaient des stigmates de violences interpersonnelles (Bahn, 1996; Sharples, 1991).

Comme le premier conflit, la Seconde Guerre mondiale suspendra momentanément les investigations archéologiques en Europe. Toutefois nous pouvons signaler la découverte en 1944 de quatre squelettes montrant des impacts de balles, dans le centre ville de Zürich (Suisse). D'après les archives historiques l'emplacement du site avait été utilisé pour l'inhumation des victimes de la bataille de 1799 (Meyer, 2003). Comme à Zürich, l'étude anthropologique des squelettes découverts sur certains sites durant la période de l'après-guerre ne fut entreprise que bien des années plus tard. Ce fut le cas pour les cinq squelettes exhumés en 1953 du charnier de Fort William Henry (Canada) qui fut le théâtre des affrontements entre les troupes françaises et les tribus indiennes (Liston *et al.*, 1996; Starbuck, 1993).

De même, on entreprit au début des années 1990 l'étude des ossements des victimes de la bataille du 15 août 1385 que s'étaient livrés les Portugais et les Castillans pour l'indépendance du Portugal. Près de 400 individus avaient été rassemblés dans une chapelle en ossuaire sept ans plus tard (Cunha *et al.*, 1997).

À partir des années 1960, la recherche des victimes de la Seconde Guerre mondiale permet la découverte en Hongrie de deux

charniers contemporains de la bataille de 1526 que les Hongrois avaient menés contre les Turcs. Seize ans plus tard, on découvrit trois autres fosses assimilables au même événement (Zoffmann Zsuzsanna, 1982).

En France on notera la découverte importante de l'hypogée des Crottes à Roaix (Vaucluse, France). La fouille réalisée entre 1965 et 1966 par Jean Courtin révéla une couche d'ensevelissements simultanés au sein de cette sépulture collective qui fut interprétée comme une « couche de guerre » (Bouville, 1982).

En 1971 de nouvelles fouilles furent entreprises en Suède : sur le terrain adjacent de la cathédrale d'Uppsala on identifia les victimes de l'affrontement du 6 avril 1520 plus connu sous le nom de "la bataille du Bon Vendredi" (Kjellström, 2004b).

Aux Etats-Unis un ensemble funéraire, fouillé en 1964 mit à jour des populations indiennes massacrées vers 1700 ap. J.-C. sur le site de Polacca Wash (Turner *et al.*, 1970). La fin des années 1970 et le début des années 80 sont marqués par des découvertes importantes sur un plan historique. Sur le site de Crow-Creek, découvert par Robert Alex en 1978 dans le Dakota, on exhuma dans un fossé de fortification les restes osseux de près de 500 villageois qui avaient été massacrés dans la seconde moitié du XIVe siècle (Anonyme 51, 2004; Bahn, 1996; Willey *et al.*, 1993; Willey *et al.*, 1997).

En 1983, The Little Bighorn National Monument autorisa Richard Fox et Douglas D. Scott à fouiller le site où s'étaient déroulées entre le 25 et le 26 juin 1876 trois batailles entre les natifs américains et le Général Custer, à la tête de la 7ème cavalerie au lieu dit de The Little Bighorn River, dans le Montana. D'après les sources historiques le corps du Général Custer aurait été retrouvé au-dessus d'un amoncellement d'une cinquantaine de cadavres mutilés et scalpés. En effet un an après la bataille, le 27 juin 1877, le corps du général est inhumé temporairement à Poughkeepsie par les survivants du 7ème cavalerie. Puis quelques mois plus tard, le 10 octobre 1877, on exhuma et on transféra au cours d'une cérémonie la plupart des dépouilles des officiers dans une chapelle au Custer Battlefield National Monument. Les corps des autres soldats furent laissés à l'abandon sur le champ de bataille ; il n'est donc pas étonnant que plusieurs squelettes aient été découverts sporadiquement à cet endroit au début du XXe siècle. L'analyse paléopathologique des restes osseux permit d'identifier certains membres du 7ème cavalerie, et d'attester l'absence du Général parmi les corps exhumés de la chapelle (Scott *et al.*, 1997a; Scott *et al.*, 1998; Spencer, 1983; Willey *et al.*, 1996, 1999). Ce site revêt une importance toute particulière car pour la première fois on mena une étude anthropologique conjointement avec une procédure d'identification sur des restes osseux. Cette opération fut publiée, et connue une diffusion internationale (Sutherland, 2005). Par la suite, en 1987, une fouille archéologique fut menée sur le cimetière militaire de Snake Hill (Etats-Unis). Elle mit en évidence 28 inhumations de soldats décédés lors du siège de Fort Erie en 1814 (Pfeiffer *et al.*, 1991).

Les années 1980 en Europe, sont également marquées par la découverte de sites importants. Nous signalerons la fouille entreprise à Douai en 1981, qui révéla des sépultures multiples contemporaines des sièges subis par la ville en 1710 et 1712, durant la Guerre de succession d'Espagne (Rigeade *et al.*, 2006b). Mais les découvertes les plus remarquées à l'époque demeurent celles des massacres mis en évidence sur les sites néolithiques de Talheim (Bahn, 1996; Beyneix, 2003) en Allemagne et de Schletz en Autriche (Beyneix, 2003; Teschler-Nicola *et al.*, 1999). Enfin il convient de signaler la découverte dans les années 1980 d'un charnier de soldats romains sur le site de Vindonissa en Suisse (Bielman *et al.*, 2005).

En 1989, on exhuma en Espagne les victimes des affrontements de la Guerre d'indépendance de 1807-1813, dans un cimetière d'infirmerie près du Couvent de

Santa Clara, à Tolosa (Etxeberria, 1999). Les vestiges des campagnes napoléoniennes n'avaient été jusqu'alors que des découvertes fortuites ; à Wagram (Autriche) et à Waterloo (Belgique) depuis le XIXe siècle, il n'était pas rare de découvrir des ossements lors de la mise en culture de certaines parcelles (Corvisier, 1985).

En France il faudra attendre les années 1990 pour que puisse être découvert un massacre de population civile dans des niveaux stratigraphiques datés des IV-Ve siècles ap. J.-C., en 1991 sur le site de la Préfecture à Arras dans le département du Nord (King, 1992; Knüsel *et al.*, 1996). La même année un dépôt simultané contemporain des IIIe-IVe siècles avait été retrouvé sur le site de Lyon-Vaise (Billard, 1991), ainsi qu'une sépulture multiple de 14 soldats allemands décédés en 1870 à Noisseville en Moselle (Adam, 2006). C'est à cette date également que l'on identifia la dépouille d'Alain Fournier parmi les squelettes des soldats du 288e régiment d'infanterie, retrouvés dans un charnier à Saint-Rémy-La-Calonne dans la Meuse (Adam, 1992, 1999; Adam *et al.*, 1992; Bellari, 1993; Boura, 1992, 1997a, b, 1999, 2000; Boura *et al.*, 1992; Gouletquer, 1997).

En 1993 ce sont 14 squelettes de forçats massacrés au XVIe siècle, qui furent retrouvés pêle-mêle dans la citadelle de Bodrum en Turquie (Anonyme 8, 1993). La même année, à Ephèse (Turquie) c'est un charnier de gladiateurs qui fut fouillé au sein d'un cimetière à proximité du stade antique (Kanz *et al.*, sous presse).

Il convient également de signaler la découverte aux Etats-Unis en 1995 d'un charnier en relation avec la bataille de Glorietta qui se déroula entre les 26 et 28 mars 1862.

En Europe à partir de 1994, furent exhumées un grand nombre de sépultures de catastrophe en relation avec des épisodes guerriers plus ou moins emblématiques.

De nombreux restes osseux contemporains des campagnes napoléoniennes furent mis au jour lors de la fouille des ossuaires de

Jirikovice (République Tchèque) près du site d'Austerlitz en 1994, et de Tolentino (Italie) en 1997 (Rollo, 1999). De même la fouille réalisée en 1996 à Valencia révéla la présence de sépultures multiples qui furent associés aux affrontements sanglants de la guerre d'Indépendance espagnole (Miquel-Feucht *et al.*, 1999). Deux années plus tôt, dans la même ville, des fouilles avaient été entreprises pour exhumer d'un charnier les victimes juives massacrées pendant l'épidémie de peste noire de 1348 (Calvo Galvez *et al.*, 1998).

D'autres sites de la période médiévale furent également découverts en Europe. En 1996, on exhuma à Towton (Angleterre) les victimes de la bataille du 14 mars 1461 (Boylston, 2000; Butzen, 2001; Fiorato, 2000b; Fiorato *et al.*, 2000) ; en 1998 on retrouva à Sigtuna (Suède) un charnier, daté des IXe-XIe siècles, consécutif à un massacre de civils (Kjellström, 2004a).

Au cours des années 1990, plusieurs vestiges de la Grande Guerre furent mis à jour sur les chantiers de sauvetage dans certains secteurs du Nord de la France. Ces fouilles ont été menées en périphérie d'Arras par Alain Jacques, puis sur divers grands travaux routiers. Au terme de la phase de sondages sur le tracé de l'A29, clôturé en janvier 1998, plusieurs sépultures de soldats britanniques et allemands furent exhumées sur les communes d'Arras dans la ZAC Actiparc, de Cambrai, de Gavrelle, de Monchy-Le-Preux, de Thélus et de Villers-Bretonneux (Anonyme 43, 2003; Briet, 2002; Bura, 2003; Desfosses *et al.*, 2000a; Desfosses *et al.*, 2000b, 2003a; Gaillard *et al.*, 1998; Lamblard, 2002).

Il convient de signaler le charnier fouillé à Beacon Island, en Australie, entre 1999 et 2001. D'après les archives historiques, cette inhumation, ainsi que les quatre sépultures découvertes en 1963, seraient contemporaines de la mutinerie du 4 juin 1629 d'un navire qui transportait 300 passagers et une centaine de soldats. A l'issue de cet affrontement les textes mentionnent un décompte de 125 victimes

dont certaines auraient été inhumées rapidement après l'évènement (Bahn, 2003; Stanbury, 2000).

Nous signalerons également les découvertes en 2000 d'un charnier du IVe siècle av. J.-C. à Pydna en Grèce (Triantaphyllou *et al.*, 2005), et d'une sépulture multiple contemporaine de la Guerre de Dix Ans à Chevraux (Alsace) en France, en 2002[3].

Le site de Siaures Miestelis, découvert en 2002 à Vilnius, en Lituanie (Signoli *et al.*, 2004) a permis de mettre en évidence une pluralité de causes. Pour la première fois, l'agent pathogène *Rickettsia prowazeki* a pu être isolé (Raoult *et al.*, 2006), mais seulement 30% des soldats inhumés dans ce charnier, étaient atteints de la maladie. Ce n'est donc pas à une épidémie de typhus, mais à l'épuisement, à la faim, et surtout au froid qu'il faut imputer la mort de plus de 3000 soldats de la Grande Armée de Napoléon.

En 2004 on a attribué au typhus le décès en 1812 des 120 soldats de l'Armée napoléonienne retrouvés dans une fosse à Erfurt, en Allemagne (Anonyme 56, 2004). En effet, les archives du Conseil municipal de l'époque signalent la présence d'un hôpital militaire à proximité, ainsi que l'inhumation rapide de plusieurs centaines de soldats français, décédés des suites d'une épidémie de fièvres.

En France, l'année suivante, une fosse contenant les squelettes de neuf soldats français morts au combat le 25 août 1914 fut découverte sur la commune de Boinville dans la Meuse (Adam, 2006).

Plus récemment, en juillet 2006, à Kaliningrad (Russie) une fouille d'urgence absolue suite à des travaux de terrassement a mis en évidence de nombreuses fosses où étaient encore inhumés des soldats de la Grande Armée. D'après les sources textuelles, là encore, l'hypothèse d'une crise de mortalité liée à une épidémie de typhus

[3] Jean –Jacques Schwien, communication personnelle.

semble privilégiée à ce stade des recherches post-fouilles.

3. 2. - Les sépultures de catastrophe relevant du cadre juridique et légal

▪ L'EUROPE ET LA SECONDE GUERRE MONDIALE

L'exhumation de charniers, afin de mettre en évidence des crimes de guerre, débuta pendant la Seconde Guerre mondiale. La première fouille a été effectuée près de Smolensk, aux lendemains de l'invasion allemande de la Russie en 1941, pour exhumer les corps des officiers polonais exécutés dans la forêt de Katyn (Haglund, 2001b, a). Ce sera le premier charnier à faire l'objet d'une fouille et d'un travail d'identification par des scientifiques.

Afin d'anticiper d'éventuelles accusations le gouvernement nazi entreprit une exhumation des corps en février 1943, très documentée, à l'issue de laquelle 4 143 corps furent étudiés et 2 914 cadavres identifiés grâce aux effets personnels retrouvés *in situ* (Jessee, 2003). L'évidence entomologique associée à la présence de documents écrits (agendas, journaux et correspondances) révéla que les décès étaient survenus en mars, avril et mai 1940, période durant laquelle les forces soviétiques étaient encore présentes dans le secteur. Une seconde fouille, suivie d'une expertise médico-légale fut entreprise en septembre 1943 lorsque les Russes réoccupèrent la zone. Les conclusions des experts russes, notamment au niveau de la balistique, incriminèrent les troupes nazies, en se basant sur l'utilisation de matériel allemand (Mant, 1950). Selon certaines réévaluations des documents et selon les traces évidentes relevées sur les corps, il semblerait que les troupes spéciales du NKVD soient les responsables de cette exécution massive (Kapronczay, 1990; Mant, 1987; Zaslavsky, 2003). Selon son rapport, Harrington relate que les récentes exhumations de 6 400 corps et de 10 000 artefacts de la forêt de Katyn accrédite la culpabilité du régime de Staline (Harrington, 1997; Raszeja *et al.*, 1994).

A la fin de la Seconde Guerre mondiale le monde entier découvrait par le biais des médias, les milliers de corps amoncelés dans les camps de concentration et d'extermination de l'Europe de l'Est. Nous ne citerons que quelques uns de ces sites devenus tristement célèbres : Auschwitz-Birkenau, Majdanek, Treblinka en Pologne ; Dachau, Bergen-Belsen en Allemagne, et Mauthausen en Autriche. L'ampleur du génocide se perçoit dans les photographies prises par les troupes Alliées, à leur arrivée dans les camps. Le travail de ces reporters nous donnent à voir des clichés sur le transport des martyrs, la mise en place des charniers et l'inhumation massive des victimes par leurs bourreaux, le plus souvent encore par leurs codétenus (D'almeda, 2005).

Durant la période de l'après-guerre, on exhume en France les fosses où furent inhumés les résistants exécutés sous l'occupation, comme par exemple à Signes où 29 résistants marseillais ont été retrouvés (Anonyme 13, 1999) ou encore à Hebron près de Lyon. Comme pour la Grande Guerre, les états se mobilisent pour retrouver et identifier les soldats tombés sur le front (Mant, 1950, 1962, 1987; Wood *et al.*, 1989).

En Europe de l'Est, c'est seulement à partir des années 1980, que l'on exhume les fosses communes de la Seconde Guerre mondiale, notamment à Lambinowice dans les camps de prisonniers de guerre polonais (Popielski *et al.*, 1984). En 1988, aux alentours de Lublin, des travaux de constructions furent entrepris et permirent de découvrir des corps déposés au sein de deux cratères de bombes de 1939 (Chagowski *et al.*, 1999). D'autres fosses feront également l'objet de fouilles après 1989, dans les camps de Starobielsk (Baran *et al.*, 1993) et de Ostaszkow (Madro *et al.*, 1993), pour exhumer les corps d'officiers polonais, ou encore à Wola Ostrowiecka (Madro, 1993a) et Ostrowki (Madro, 1993b), pour retrouver les victimes civiles exécutées par les nationalistes Ukrainiens en 1943.

En Allemagne on effectue une étude paléopathologique et une analyse ADN de 577 squelettes exhumés d'un charnier contemporain de la Seconde Guerre mondiale dans le camp de travail de Lieberose (Klein *et al.*, 1991).

Au début des années 1990 les experts australiens, assistés des autorités ukrainiennes exhumèrent toutes les victimes d'un charnier à Serniki en Ukraine, afin de mettre en évidence les preuves contre Ivan Polyukhovic accusé de crime de guerre et de crime contre l'humanité pour l'exécution de civils juifs en Ukraine, durant l'été 1942. Au total ce sont 800 juifs qui furent exécutés et inhumés dans le charnier de Serniki, mais seulement 553 corps furent découverts, principalement des femmes et des enfants, dans 410 cas on pu déterminer la cause de la mort (une balle dans la tête). En 1991, la même équipe de Sydney se chargea de l'exhumation de deux autres charniers en Ukraine : Gnivan, dans la région de Vinnitsa et Ustinovka dans la région de Kirovograd (Blewitt, 1997). D'autres charniers constitués pendant la Seconde Guerre mondiale furent également découvert en Ukraine en 2002, notamment le charnier du monastère de Zhovkva où avaient été déposés 225 corps (Woronowycz, 2002).

En 1994, on découvrit dans les locaux du K.G.B. à Vilnius (Lituanie) plusieurs fosses mises en place à la suite des exécutions massives qui se déroulèrent dans ce bâtiment entre 1944 et 1947. D'autres charniers furent découverts en 1995 et en 2003, portant à 724 le nombre de squelettes exhumés (Jankauskas *et al.*, 2005).

En 2002 nous signalerons plusieurs découvertes sur le territoire de l'ex- Union Soviétique. Un charnier d'une cinquantaine de personnes fut mis au jour dans la ville de Slutsk (Biélorussie) à proximité de là où s'élevait un camp de concentration de 1942 à 1944 (Anonyme 35, 2002). A Toksovo (Russie) on retrouva douze fosses communes contemporaines de la grande terreur Stalinienne de 1937-1938 (Anonyme 12, 2002; Anonyme 25, 2002).

▪ *L'ESSOR DE L'ANTHROPOLOGIE MEDICO-LEGALE EN ARGENTINE*

Dans les années 1980, le travail entrepris sur les charniers connut un essor considérable et des avancées importantes, grâce aux investigations entreprises en Argentine pour retrouver ceux que l'on nomme "Les Disparus": les milliers de civils tués sous le régime de la dictature militaire entre 1976 et 1983 (Joyce *et al.*, 1991; Snow *et al.*, 1984; Stover, 1985). Les premières exhumations furent conduites en 1984 par Clyde Snow qui mit en place l'équipe argentine d'anthropologie médico-légale (E.A.A.F.). La présence de charniers a pu être établie dans un grand nombre de cimetières paroissiaux, ainsi que dans les alentours et au sein même des camps de base militaires utilisés pendant la dictature. Nous citerons notamment le cimetière d'Avellaneda dans la province de Buenos-Aires, où l'E.A.A.F. exhuma 324 individus de 19 fosses clandestines, entre 1988 et 1992 (Eaaf, 1992); de même dans le cimetière de San Vicente, province de Córdoba, où deux charniers renfermant 61 et 40 corps furent mis à jour (Eaaf, 2005).

Devant l'ampleur du travail à accomplir l'E.A.A.F. a formé plusieurs équipes locales d'experts (Eaaf, 1992). A partir de 1988 l'E.A.A.F. assiste plusieurs équipes au Guatemala afin d'exhumer les charniers constitués pendant les 35 ans de guerre civile que connut le pays entre 1962 et 1996 (Anonyme 83, 2003; Boles *et al.*, 1995; Eaaf, 1998, 1999, 2001, 2002; Sanford, 2003; Saunders, 2002). Cette collaboration se concrétisa par la création d'une équipe de scientifiques guatémaliens (F.A.F.G.) en 1992 pour exhumer notamment les victimes du massacre de Rabinal (Fafg, 1993, 1995; Van, 2003). Parallèlement aux opérations menées en Argentine et au Guatemala, à la fin des années 80 d'autres fouilles furent engagées dans de nombreux pays (Thomsen *et al.*, 1989).

Les investigations conduites entre 1999 et 2003 au Salvador permirent de retrouver entre autre le charnier des 282 victimes du massacre d'El Mozote, et d'exhumer 78 corps des 14 fosses mises en place après le massacre de la Quesera (Eaaf, 2002, 2005; Granma Internacional, 2000). En Bolivie, les premières missions débutèrent en 1995 pour retrouver les corps de 155 personnes portées disparues entre 1967 et 1982. L'année suivante les anthropologues argentins retrouvèrent les corps d'Ernesto "Che" Guevara, et de ses six compagnons d'armes dans une fosse à Vallegrande (Eaaf, 1997, 2005).

Depuis 1996 l'accès aux archives du Gouvernement argentin, et la mise en place d'une banque A.D.N., ont permis à l'E.A.A.F. de multiplier les investigations à travers l'Argentine, et d'identifier plus de 1 000 disparus (Joyce *et al.*, 1991).

Le travail entrepris en Amérique du Sud fut particulièrement novateur. Une nouvelle approche des charniers et de nouvelles méthodes, notamment sur le terrain furent mise en place (le repérage des fosses, la fouille proprement dite, l'exhumation des corps et l'identification des cadavres). Cette nouvelle procédure impliquant nécessairement l'acquisition de compétences en archéologie et en anthropologie pour les experts intervenants. A partir des travaux de Clyde Snow, on assista à l'émergence d'une nouvelle discipline désignée par le terme de «forensic archaeology» par les Anglo-Saxons, ou "bioarchéologie" par les auteurs canadiens (Hunter *et al.*, 2005; Joyce *et al.*, 1991; Skinner *et al.*, 2003).

▪ *LE CONFLIT DES BALKANS*

En juin 1991 débute un conflit dans les Balkans lors de la proclamation d'indépendance de la Croatie et de la Slovénie, pour s'étendre à la Bosnie-Herzégovine l'année suivante. On estime à 15 000 à 20 000 personnes disparues entre 1991 et 1995 (Rinehart, 2004). En raison des crimes de guerre et des crimes contre l'humanité perpétrés par toutes les parties belligérantes, le Tribunal Pénal International pour l'Ex-Yougoslavie (TPIY) fut institué par les Nations Unis en 1992.

Une première série de fouilles fut entreprise près de Vukovar, au lieu dit de la porcherie d'Ovcara (Croatie) en 1993 sous la direction de Clyde Snow. Mais les fouilles furent interrompues en 1995 en raison de l'offensive menée par l'armée régulière croate qui engendra un exode massif de la population civile serbe. En juin 1996 le tribunal dépêcha sur place l'équipe de P.H.R (Physicians for Human Rights) sous la direction de William Haglund afin de terminer le travail entrepris trois ans plus tôt par Clyde Snow (Stover, 1997). Ce sont au total 200 cadavres qui furent retrouvés dans un charnier sur ce site.

A partir de 1992, une équipe de The Canadian War Crimes Investigation entrepris de repérer et d'exhumer des charniers près du village de Pakracka Poljana (Croatie), qui avait été le théâtre d'exécutions massives. Au terme de ces investigations, seulement neuf fosses renfermant 19 corps ont été retrouvées, ne correspondant pas aux 17 larges tranchées de vingt mètres de long sur cinq mètres de large, contenant 1700, puis 200 corps dont avait parlé The Serbian Council Information (Fenrick, 1992).

En 1996, quatre charniers contemporains des massacres perpétrés à Srebrenica (Bosnie-Herzégovine) un an plus tôt par les soldats serbes, furent mis en évidence. Les investigations conduites entre 1997 et 1999 permirent de découvrir 1883 corps inhumés dans 39 charniers, dont 17 avaient été vidés au préalable, avant l'arrivée des équipes d'anthropologues. (Manning, 2000). L'analyse et l'identification des victimes du massacre de Srebrenica n'ont pris fin qu'en août 2006 ; on estime aujourd'hui à près de 8000 le nombre de victimes. En Bosnie-Herzégovine quatre sites furent également découverts à Cerska (155 corps), Nova

Kasaba, Lazete et Pilica (Blewitt, 1997; Komar, 2003).

En 1998, une dizaine de corps furent exhumés au Kosovo sur les sites de Klecka et de Volujak (Rainio et al., 2001a). Dans cette même région 308 personnes furent retrouvées au sein de 69 charniers. Le site le plus important fut un cimetière Albanais situé à Pejé, comportant environ 200 fosses d'où furent exhumés 62 corps (Primorac, 2002; Rainio et al., 2001b). La même année, près des villages de Glodjane et Jablanica, au lieu dit de Radonjicko Lake, un charnier de 39 cadavres fut fouillé et étudié par une équipe de la Faculté de Médecine de Belgrade (Djuric, 2004).

A partir de 1999, 97 scientifiques travaillèrent dans 20 régions différentes de l'Ex-Yougoslavie (Stover et al., 2003). La délocalisation des charniers de Bosnie-Herzégovine avant l'arrivée des experts mandatés, notamment dans le cimetière de Medine, près de Mostar, sur les sites de Milijkovici, de Caprazlije, de Tasovciciou ou encore de Vojno constitua sans aucun doute l'une des difficultés majeures rencontrées par ces équipes scientifiques (Skinner et al., 2001).

▪ L'AFRIQUE

A partir de la fin des années 1990, plusieurs missions seront également conduites par l'E.A.A.F. pour localiser les charniers en Afrique : au Zimbabwe, au Congo, en Ethiopie, en Sierra-Léone et en Côte d'Ivoire (Eaaf, 1997, 1998, 2000, 2001, 2002).

Le Tribunal Pénal International pour le Rwanda (TIPR) fut mis en place en 1994 pour juger les responsables du massacre de près de 500 000 personnes, dont des dizaines de milliers d'enfants (Braeckman, 2004; Geltman et al., 1997). En 1995, les corps de plusieurs réfugiés rwandais furent découverts dans une fosse commune, à Foko au Burundi (Anonyme 84, 1995). Au début de l'année 1996, l'équipe de P.H.R. composée d'archéologues, d'anthropologues et de médecins légistes, exhumèrent les corps de six charniers sur le site de l'église catholique de Kibuye, ainsi que plusieurs sépultures multiples sur le site de Kigali (Conner, 1996; Geltman et al., 1997; Koff, 2004).

L'établissement du tribunal pénal international pour le Rwanda et l'ancienne Yougoslavie, entraîna la fouille de nombreux charniers associés à des crimes de guerre et des génocides, à travers le monde (Stover et al., 2001).

En Somalie, dix ans après les massacres de civils sous le régime du président Siad Barré, une mission de prospection permit de repérer 116 fosses dans trois zones situées dans la banlieue sud et sud-est de Hargeisa. En 1997 une équipe de P.H.R. exhuma deux fosses. La première située dans le quartier de Badha livra deux individus. La seconde mise en place dans le quartier de Malko Durduro, renfermait quatre sujets déposés les uns à côtés des autres, et attachés par des liens (Nations United, 1998).

▪ L'IRAK

En 1991 on exhuma de quatre charniers les 27 victimes du massacre de Koreme (27 août 1988) au Kurdistan, dans le Nord de l'Irak (Anonyme 58, 2004; Scott et al., 1997b; Stover, 1992). Avant l'arrivée des scientifiques dans cette région, les populations civiles kurdes avaient retrouvé 145 sépultures et charniers près des prisons, des bases militaires et des locaux du Mudiniyat-al-Amn (la police secrète irakienne). Les investigations conduites au Kurdistan furent les premières à impliquer une équipe internationale comprenant des membres issus de quatre pays : Argentine (E.A.A.F.), Guatemala (E.A.F.G.), Chili et Etats-Unis (Physicians For Human Rights : P.H.R.). Par ailleurs tous les témoignages, les preuves documentaires et physiques, si cruciales dans ces contextes de massacre, furent collectés et préservés. Cette approche servit de modèle pour les investigations similaires qui se déroulèrent par la suite en

Croatie, en Bosnie et au Rwanda (Stover *et al.*, 2001).

Depuis 2003 en Irak 259 charniers, dont 55 ont fait l'objet d'investigations préliminaires, ont pu être localisés au Nord de Mosul, au Sud de Basra et près de Mahawil. Dès leur localisation, de nombreux sites ont été exhumés par les populations civiles, sans que les forces armées internationales présentes ne puissent intervenir. Ces incidents ont considérablement entravés le travail des scientifiques dépêchés sur place mais en raison d'une grande médiatisation, il existe une importante iconographie des charniers et des centaines de corps amassés à travers l'Irak. Seulement deux charniers ont pu faire l'objet de fouilles à Hadar : où 300 cadavres ont été exhumés (Anonyme 47, 2003; Anonyme 48, 2003; Anonyme 70, 2005; Mufti *et al.*, 2004; Stover *et al.*, 2003).

■ *L'AFGHANISTAN*

En 2002, des scientifiques de P.H.R. mire au jour en Afghanistan plusieurs charniers contenant les dépouilles de prisonniers talibans exécutés par l'Alliance du Nord à Mazar-I-Sharif (Physicians for Human Rights, 2002b), et dans le désert de Dash-i-Laili, près de la ville de Shebarghan (Doran, 2002; Lombroso, 2002; Salahuddin, 2002). Parallèlement d'autres investigations seront menées, notamment au Nigéria pour achever d'exhumer et d'identifier les corps des activistes assassinés en 1996 sous le régime du General Sani Abacha (Physicians for Human Rights, 2002a).

■ *LES AUTRES DECOUVERTES*

Parallèlement aux travaux entrepris en Argentine pour exhumer les charniers de disparus, quelques fouilles ont été entreprises en Asie. Plusieurs corps de soldats tombés pendant la Guerre du Vietnam (1961-1975) furent exhumés, notamment à Hue City et à Hanoï (Dailey, 1991; Demuth Webster, 1998; Skinner, 1987; Warren, 1979).

A la suite de la parution d'images des exactions commises à Nanjing (Nanking) quand les troupes d'occupation japonaise exécutèrent des civils au cours d'une brutale répression en 1937 (D'almeda, 2005), des fosses furent fouillées à l'initiative de la Chine *via* the Nanking War Crimes Trials mais aucune preuve tangible ne pu être relevée et ne permit de constituer un dossier (Haglund, 2001a). Au cours des années 1980, le Japon a conduit un certain nombre d'exhumation dans le Pacifique afin de retrouver les dépouilles des soldats, mais cela sans l'assistance d'archéologue ou d'anthropologue. Toutefois quelques exceptions furent faîtes à Nanjing (Japanese Invaders, 2000) et à Saipan en 1986, lors de la découverte d'un charnier contenant les restes de huit soldats de l'Armée Impériale Japonaise et de la Marine Japonaise (Haglund, 2001a).

Aux Philippines, on découvrit plusieurs soldats américains inhumés au sein de tranchées creusées par les troupes japonaises (Skinner, 1987).

L'exhumation des victimes du génocide arménien débuta en 1988 par la fouille de la fosse commune de Dumlu, à Erzurum. A l'issue de cette première fouille, ce sont une centaine de squelettes qui furent identifiés. D'autres opérations de fouilles seront conduites en Arménie en 1990 et en 1991 sur les fosses communes de Van-Zeve et du cimetière de Subatan à Kars où 570 personnes assassinées le 25 avril 1918 seront retrouvées (Akcam, 2004; Anonyme 85, 2003; Anonyme 86, 2003; Ter Minassian, 2005)

Ce n'est qu'en 1991 que les autorités russes autorisent la fouille de la fosse de Yekaterinburg où furent inhumés les cadavres des Romanov exécutés en 1917, alors que celle-ci avait déjà été découverte de façon fortuite en 1979. Neuf squelettes seront découverts, tous les membres de la famille du Tzar Nicolas II ainsi que son médecin et deux de ses domestiques seront par la suite identifiés par des scientifiques du KGB (Bahn, 1996; Kurth, 1993).

Plus de vingt-cinq ans après l'invasion turque de l'île de Chypre en 1974, à l'issue de laquelle 1 619 personnes auraient disparues, P.H.R. procéda à l'exhumation d'environ 250 restes humains dans les cimetières de Lakatamia, Agiou Constantinou et Elenis à Nicosia en 1999.

Enfin en 2002 et en 2003 plusieurs charniers contenant des corps déchiquetés furent découverts en Tchétchénie (Anonyme 23, 2002; Anonyme 24, 2002; Anonyme 39, 2003; Chermatova *et al.*, 2003; Nougaryede, 2002; Roustel, 2003).

A l'initiative de l'Asociación para la Recuperación de la Memoria Historicá et avec l'aide de l'E.A.A.F., ce sont près d'une vingtaine de sites qui furent fouillés en Espagne entre septembre 2002 et février 2006, pour mettre à jour les victimes de la dictature Franquiste (De La Rubia *et al.*, 2003; Espeio, 2002; Etxeberria, 2004a, b, 2005; Etxeberria *et al.*, 2004b, a, 2005b, a; Etxeberria *et al.*, 2004c, 2005c, 2006; Etxeberria *et al.*, 2003b, a; Hachey, 2005; Maldavsky, 2003).

Plusieurs charniers ont été découverts durant cette période et le sont encore régulièrement à travers le monde, sans pour autant que ne soit conduite une exhumation des cadavres par des archéologues et des anthropologues, ni même qu'une enquête ne soit ouverte pour condamner les responsables. La diffusion des informations et des images par le biais d'Internet nous permet cependant de ne pas ignorer l'existence de ces charniers (Anonyme 15, 1999; Anonyme 16, 2000; Anonyme 17, 2000; Anonyme 21, 2001; Anonyme 69, 2005; Anonyme 77, 2003; Benyounes, 2000; Chekir, 2003).

CHAPITRE 3 : MATERIELS ET METHODES

1. - L'ACQUISITION DES DONNEES

Le *corpus* que nous avons utilisé dans le cadre de cette recherche s'est constitué de différentes manières, d'une part à partir de recherches bibliographiques, d'autre part à partir de l'étude de séries ostéologiques provenant d'ensembles de catastrophe. Enfin, certaines données sont directement issues de fouilles de sépulture de catastrophe auxquelles nous avons largement contribué. Notre étude repose donc sur la reprise d'études anciennes, ainsi que sur du matériel inédit.

Pour l'acquisition des données bibliographiques, nous nous sommes basés sur les découvertes et les sites déjà étudiés et publiés. Pour ce faire, nous avons traité une vaste bibliographie archéologique et anthropologique, française et étrangère. Nous avons opté pour effectuer un dépouillement bibliographique le plus exhaustif possible dans le but de collecter un maximum d'informations directement exploitables. Cela dans la perspective de sélectionner quelques sépultures de catastrophe susceptibles d'être étudiées, réexaminées ou analysées plus en détail.

Outre les données bibliographiques, nous avons directement participé à l'étude anthropologique en laboratoire des squelettes exhumés sur le site de Siaures Miestelis (Vilnius, Lituanie). Pour compléter notre *corpus* d'étude nous avons également réalisé durant notre doctorat, l'étude anthropologique de deux échantillons issus de sépultures de catastrophe. Il s'agit du site découvert en 1984, place Camille Jouffray à Vienne (Isère), en relation avec la première pandémie de peste, dite peste de Justinien (VIe-VIIIe siècles); et du site de la rue Martin-du-Nord à Douai (Nord), mis au jour en 1981, qui renfermait des inhumations mises en place au XVIIIe siècle durant l'un des sièges de la ville.

Notre travail s'est également enrichi par la fouille de plusieurs sépultures de catastrophe. Il a été initié sur le terrain en 2002, lors de la fouille des tranchées du couvent des Capucins de Ferrières à Martigues (Bouches-Du-Rhône), et du cimetière de Lariey à Puy-Saint-Pierre (Isère). Durant nos trois années de doctorat, dans le cadre de la cotutelle franco-italienne, nous avons participé pendant près de six mois à la fouille des sépultures du Lazzaretto Vecchio à Venise (Italie). Enfin nous avons pu diriger conjointement avec les archéologues russes la fouille des sépultures de catastrophe mises au jour à Kaliningrad (Russie) durant l'été 2006.

1. 1. - Quelques remarques sur l'analyse des données

Dans l'objectif principal de comprendre les sépultures de catastrophe et la gestion funéraire qui les accompagne à travers la chronologie des sites et la nature des crises de mortalité, et permettre, dans un premier temps, leur classement nous avons mis en place une base de données détaillée. Cette dernière comportait des indications référentielles classiques, ainsi que d'autres critères d'identification comme :

- le nom du site
- la situation géographique
- la date de découverte
- la nature de la crise : épidémie, conflit ou catastrophe naturelle
- les responsables archéologiques et anthropologiques de la fouille
- le contexte de la découverte
- le contexte historique
- les données métriques et morphologiques liées à la sépulture : nous avons intégré des renseignements sur sa forme externe (rectangulaire, circulaire…) ainsi que sur le format (dimensions).

– les données concernant l'orientation et la position des corps

– les données paléodémographiques : le nombre d'individus au total, le nombre d'individus féminins/masculins, le nombre d'immatures.

– les références bibliographiques concernant chaque site

D'autres remarques comme la présence et la distribution du matériel archéologique, et d'éventuelles lésions traumatiques sur les restes osseux sont signalées. Celles-ci sont également utiles pour la reconstitution et la compréhension des pratiques funéraires comme nous le verrons plus loin. Enfin, nous avons également indiqué par un *item* la présence ou l'absence de couverture photographique pour chacun des sites, l'iconographie constituant également un matériel d'étude essentiel dans notre recherche.

La principale limite rencontrée pour constituer notre *corpus* se situe au niveau des informations publiées. Concernant certains sites, les remarques restent trop générales, les observations trop succinctes, certaines indications comme les dimensions de la sépulture, la position ou l'orientation des corps ne sont pas mentionnées. Nous avons parfois été confrontés à des informations incomplètes concernant des fouilles de sépultures de catastrophe. L'exploitation des résultats paléodémographiques pour chaque site s'est également révélée difficile et a pu constituer, à un certain stade de notre étude, une limite dans l'interprétation de nos résultats. Dans de nombreux cas la répartition des individus par classes d'âges ne figure pas dans les publications. Face à la grande variabilité des échantillons et aux différentes méthodes anthropologiques employées pour chaque étude, nous avons préféré ne pas baser notre étude comparative à partir d'une approche paléodémographique.

Les limites inhérentes à chaque opération archéologique, notamment "les conditions de la fouille" sont également prises en compte, sans oublier le côté souvent partiel des travaux sur le site qui reste un handicap

majeur pour la compréhension d'un ensemble. Enfin, pour certains sites, il ne s'agit que de résultats préliminaires, l'étude en laboratoire des séries ostéologiques récemment constituées, comme celles de Venise ou de Kaliningrad, étant actuellement en cours.

1. 2 - Méthodologie de terrain

Comme les situations sont extrêmement variables, il faut que les techniques d'enregistrement soient souples pour permettre de s'adapter à chacun des contextes.

La particularité du contexte funéraire auquel nous sommes confrontés, incite à accentuer l'étude de terrain sur les caractéristiques relevant de la dynamique et du mode de dépôt des cadavres ; ceci, afin de permettre une interprétation de cet ensemble funéraire comme étant celui d'une sépulture de catastrophe. Il est nécessaire, à chaque fois, d'appréhender le plus rapidement possible la densité des individus inhumés, et d'utiliser une stratégie de fouille appropriée. L'amoncellement des corps, la succession des dépôts et le regroupement des cadavres excluent une stratégie de fouille classique pour des sépultures traditionnelles qui consiste à effectuer une fouille individuelle du squelette, à laquelle succède un prélèvement des restes osseux. En effet, dans le cas d'un charnier, le prélèvement individuel ne débute que lorsqu'un dépôt d'individus a pu être clairement délimité et fouillé.

La fouille d'un charnier débute par une délimitation de l'inhumation, à l'aide d'outils type truelles, pelles et balayettes, afin de localiser au mieux la limite des espaces funéraires. Chaque pièce osseuse doit être dégagée minutieusement à l'aide d'outils de chirurgiens dentistes et de pinceaux, le sédiment étant régulièrement aspiré au fur et à mesure de l'avancée de la fouille. Les mêmes procédés doivent être utilisés pour le matériel retrouvé, associé aux individus. Un numéro d'identification, précédé du numéro de la tranchée doit être attribué à chaque squelette. Il convient également de repérer immédiatement en plaçant une cible les artefacts présents et de les associer le plus rapidement possible au numéro de l'individu concerné.

Après la fouille et avant couverture photographique, il convient de positionner l'individu sur un plan général de l'espace sépulcral. Une série de clichés, zénithaux, généraux et de détails sont ensuite réalisés de façon méthodique pour chaque individu. Ces photographies constituent un *corpus* essentiel à notre étude : nous les utilisons en complément du dossier de terrain de chaque squelette et du plan général de la sépulture. Elles doivent également permettre de réaliser un relevé sur un plan au 1/20ème. Pour cela un cliché zénithal destiné à la réalisation de ce relevé doit être effectué : des repères doivent être placés de manière stratégique au niveau des extrémités, ou des parties anatomiques du squelette afin de pouvoir positionner ce dernier à son emplacement exact au sein de la sépulture. Une échelle, une orientation doivent également figurer sur ce dernier cliché. Si l'emplacement et la morphologie de la sépulture s'y prêtent, l'établissement d'un carroyage, relever en plan au préalable, facilitera le positionnement des corps. Un calque différent doit être utilisé pour chaque dépôt d'individu(s) lors de la réalisation du relevé, qu'il soit fait manuellement lors de la fouille, ou informatiquement à partir des clichés.

Après la fouille et avant prélèvement, un dossier de terrain est rempli afin de noter un certain nombre d'informations relatives à chaque individu. Dans celui-ci figure l'orientation et la position du squelette, l'état de conservation et le niveau de représentation anatomique. Une série de mesures anthropométriques sont prises et y sont inscrites : elles nous permettent de limiter la perte d'informations liées aux opérations de prélèvements et de transport du matériel osseux. Les cotes de profondeur relevées à la lunette de chantier sur et sous

certaines parties anatomiques y figurent également.

Lors de l'établissement de ce dossier, nous inscrivons également un certain nombre d'informations : comme le sexe, l'âge au décès et les éventuelles altérations pathologiques observables *in situ* pour chaque individu. Par ailleurs la présence de matériel associé à certains squelettes et sa localisation précise sont également consignées. A partir de certaines données, nous pouvons établir le contexte plano-stratigraphique et donner une interprétation du contexte taphonomique. Nous collectons toutes les informations relatives au mode de décomposition et d'inhumation de chaque cadavre. Nous établissons le type de décomposition de chaque individu selon les méthodes de l'anthropologie de terrain, en observant l'état des connections anatomiques, des articulations du squelette (stricte, lâche, disparue...) et leur déplacement éventuel au cours de la décomposition du corps. Nous pouvons donc appréhender la position originale du corps au moment de son inhumation en analysant les agencements des éléments du squelette, en observant le mode de décomposition et les éventuels processus taphonomiques.

Enfin, il s'avère indispensable de déterminer sur le terrain, la chronologie du dépôt des corps au sein de chaque sépulture. Ceci permet de réaliser une étude préliminaire de l'ensemble de la sépulture et d'établir les premières hypothèses en ce qui concerne la nature de la structure de celle-ci, l'organisation des dépôts ainsi que le mode de fonctionnement et les modalités de recrutement au sein de ces espaces funéraires.

La dernière opération correspond au prélèvement et au conditionnement des ossements en sachets plastique en respectant l'individualisation des squelettes, l'origine du dépôt et l'individualisation des parties anatomiques. L'amoncellement des squelettes conduit souvent à des opérations de prélèvement réfléchies qui doivent te tenir compte de la position d'un sujet au sein d'un groupe d'individus. Il parait donc important de noter la présence éventuelle de sédiment interstitiel entre chaque dépôt et à l'intérieur de chacun des amas de corps.

2. – PRESENTATION DES SITES

2. 1. – Les sites en relation avec des épidémies de peste

2. 1. 1. – L'épidémie de peste de Justinien VIe-VIIIe siècles

▪ LE SITE DE LA PLACE CAMILLE JOUFFRAY (VIENNE, RHONE-ALPES)

Le site urbain de la place Camille Jouffray a fait l'objet d'une opération de sauvetage programmée en 1984 et 1985, sous la direction d'Anne Le Bot-Helly. Lors de la fouille de cette place, plusieurs sépultures furent découvertes : une réduction, deux sépultures individuelles, et une sépulture multiple. Cette dernière a été mise au jour dans les niveaux d'abandon d'un temple d'époque romaine, construit à l'extérieur de l'enceinte antique. Elle est limitée à l'Est par un mur et à l'Ouest par les assises du temple.

Aucun mobilier associé n'a été retrouvé au contact des squelettes mais, la présence d'une monnaie datée du Ve siècle après J.-C. et les résultats de deux datations au ^{14}C (1315 +- 65 BP et 1115 +- 72 BP. Centre de Recherche Géodynamique, Thonon les Bains), permettent de situer chronologiquement cette sépulture dans un intervalle chronologique compris entre les VIIe siècle et IXe siècle (Le Bot-Helly, 1990).

Cette fosse rectangulaire renfermait treize individus (huit sujets immatures et cinq adultes) inhumés en décubitus dorsal, tête-bêche, suivant les orientations Est-Ouest ou Ouest-Est. L'analyse des dépôts des corps a permis de mettre en évidence trois dépôts successifs de sujets immatures : un qui pourrait être un regroupement familial composé d'un homme, d'une femme et d'un enfant, puis deux sujets immatures, et deux

femmes. Les derniers inhumés dans cette fosse sont un adulte et un enfant.

L'absence de pathologies traumatiques sur les squelettes plaide en faveur d'une crise d'origine épidémique. La chronologie du site permet d'envisager que ces inhumations aient été mises en place durant l'épidémie de Justinien. Cette hypothèse ne pourra être confirmée que par des résultats positifs en biologie moléculaire dont les analyses sont en cours.

▪ LE SITE DU CLOS DES CORDELIERS (SENS, YONNE)

Ce site fut découvert au cours d'une opération de sauvetage archéologique motivée par un projet immobilier, sous la direction de D. Maranski. Cette fouille se déroula de janvier à mars 1989 au nord de la partie fouillée en 1985 qui avait mis au jour les vestiges de l'église du couvent des Cordeliers, faisant apparaître à la fois des structures funéraires et des vestiges d'habitat. Malgré les contraintes d'urgence et l'extension limitée de la fouille, quatre ensembles funéraires furent découverts mais, l'étendue de ces inhumations, le creusement et les limites des fosses ne purent être délimités.

Quatre groupes d'individus sont apparus. Le premier groupe s'est constitué en deux fois et comprenait 28 individus. L'étude des données de terrain a permis d'observer que les premiers corps étaient orientés Ouest-Est alors que les squelettes du second dépôt suivaient une orientation Nord-Sud. Les positions variées des individus indiquaient clairement que ces cadavres avaient été jetés du haut de la fosse (Guigner, 1997).

A l'inverse dans le second groupe où 18 individus ont été retrouvés, un seul sujet avait été inhumé en décubitus ventral et aucun en position latérale. Par ailleurs des dalles d'hypocaustes présentant des traces de mortier recouvraient le dernier niveau de squelettes (Guigner, 1997).

Pour la troisième fosse qui renfermait 12 individus, ce sont de gros blocs de calcaire qui scellaient en quelque sorte cette sépulture. Les orientations étaient plus diversifiées : les premiers dépôts d'individus suivaient une orientation Ouest-Est ou Sud-Nord, tandis que pour le second dépôt les corps avaient été inhumés tête à l'Est. Dans cette fosse les individus apparaissaient enchevêtrés mais la majorité d'entre eux reposaient en décubitus dorsal avec une flexion des membres inférieurs. Il s'agit très probablement d'inhumations habillées comme en témoigne la présence de clous de chaussures au niveau des parties distales des pieds des individus (Guigner, 1997).

Enfin dix individus furent retrouvés dans la quatrième fosse. La modalité du dépôt des corps fait apparaître un premier dépôt où les sujets étaient inhumés en décubitus dorsal suivant une orientation Ouest-Est, à l'exception d'un individu orienté Nord-Sud. Les individus inhumés lors d'un second dépôt reposaient sur les membres inférieurs des premiers corps, en décubitus ventral ou en décubitus latéral gauche. La présence de clous de chaussures et d'un bracelet ont pu être mis en évidence sur un sujet (Guigner, 1997).

Au total ce sont 45 adultes (11 hommes, 10 femmes, et 24 sujets dont le sexe n'a pu être déterminé) et 24 immatures qui ont été retrouvés sur ce site. Les premiers cops déposés au sein des fosses sont toujours en décubitus dorsal, tête à l'Ouest. En revanche on observe des variations dans la gestion funéraire lors du second dépôt d'individus, ceux-ci sont orientés Nord-Sud dans les deux premiers groupes, Ouest-Est dans le troisième groupe et Sud-Nord dans la dernière fosse. La stratigraphie du site situait ces vestiges entre le IXe siècle et le XIe siècle mais les datations au [14]C réalisées sur les restes osseux situent ces inhumations au IVe-VIe siècles (Guigner, 1997). La chronologie et les résultats positifs en biologie moléculaire permettent donc légitimement d'associer ces inhumations à l'épidémie de peste de Justinien (Drancourt *et al.*, 2004).

2. 1. 2. – *Les épidémies de peste du XIVe siècle*

▪ *LE SITE DU ROYAL MINT (LONDRES, ANGLETERRE)*

Entre 1983 et 1988 plusieurs campagnes de fouilles furent effectuées par le Departement of Greater London Archeology of the Museum of London sur le site du Royal Mint, dans le centre ville de Londres. D'après les archives historiques ce cimetière attenant à l'abbaye de St Mary Graces fut mis en place en 1349 durant l'épidémie de peste qui toucha la ville de 1348 à 1350. Les fouilles archéologiques révélèrent deux aires d'inhumations distinctes à l'Ouest et à l'Est du cimetière, à proximité de l'infirmerie de l'abbaye (Mills, 1985).

La zone Ouest était formée de deux ensembles, fouillés à 50%, comportant des dépôts simultanés d'individus et des tombes, disposés en 11 rangées parallèles. Dans la première tranchée, longue de 67 mètres, 242 squelettes avaient été déposés simultanément, avec soin en décubitus dorsal, sur cinq rangées.

La seconde tranchée, plus petite, de 9,5 mètres de long sur deux mètres de large fut certainement la première utilisée. Elle renfermait 50 individus déposés simultanément et répartis en cinq rangées parallèles, une fosse contenant les restes de huit adultes et enfants, ainsi que 266 sujets inhumés dans des tombes individuelles ou doubles.

Le plus fréquemment ce sont les squelettes d'un adulte et d'un enfant qui ont été retrouvés dans ces sépultures doubles. Aucune réutilisation de ces structures funéraires ni aucun remaniement ne fut remarqué lors de la fouille, les dépôts simultanés au sein des tranchées ou des fosses étaient stratigraphiquement contemporains des tombes. En revanche, dans le centre de cette aire d'inhumations, la concentration de tombes d'enfants et de très jeunes immatures permet d'émettre l'hypothèse d'une zone réservée. Enfin il convient de préciser que, pour les sépultures individuelles ou doubles, 167 sujets avaient été inhumés en cercueil, 14 en linceul, et 13 sépultures étaient recouvertes de dépôts de cendres. La partie Ouest du site fut fouillée à 50% mais on peut estimer à 1 200 le nombre d'individus inhumés dans cette zone (Grainger *et al.*, 1988; Hawkins, 1990).

La zone Est comprenait une tranchée contenant 105 inhumations alignées en quatre rangées parallèles du Nord au Sud sur une longueur de 125 mètres. Au total, 90 individus étaient inhumés dans des sépultures individuelles dont 63 en cercueil et un en linceul. Dans deux cas des dépôts de cendres furent retrouvés. Cette partie du cimetière fut tronquée au XIXe siècle, mais on estime le nombre total d'inhumations présentes à environ 1 200 (Grainger *et al.*, 1988; Hawkins, 1990).

Ce site a révélé près de 2 400 individus, tous étaient inhumés en décubitus dorsal, à l'exception de deux individus (respectivement en décubitus ventral et en décubitus latéral droit), suivant une orientation Ouest-Est. La diversité dans le mode d'inhumations (inhumations en cercueil, en linceul, dépôt simultané dans des tranchées), le dépôt soigné des corps témoignent d'une volonté de perpétuer les rites à l'encontre des défunts et suggèrent une gestion funéraire maîtrisée (Grainger *et al.*, 1988; Hawkins, 1990).

▪ LE CIMETIERE SAINTS COME ET DAMIEN (MONTPELLIER, HERAULT)

En 1981 une première approche archéologique par A. Peyre permit de confirmer la localisation du cimetière Saints Côme-et-Damien. L'ensemble cimétarial peut-être divisé en deux parties : une première phase, profonde, avec environ 1 000 tombes rupestres bien datée et une seconde phase où plus de 10 000 tombes s'échelonnent sur plus de quatre siècles dans le cimetière en pleine terre.

En 1982-1984, trois sépultures multiples sont découvertes lors d'un sondage réalisé par J.-

C. Hélas dans la zone VII de la parcelle. Ces sépultures se situent au-dessus du remblai mis en place au XIIIe siècle et au-dessous du mur de l'enclos daté de la seconde moitié et/ou de la fin du XIVe siècle. Il s'agit d'une fosse où quatre sujets (un immature, un homme et deux femmes) ont été inhumés simultanément, et de deux sépultures doubles où, respectivement, deux immatures, une femme et un adolescent ont été retrouvés. Ces sépultures étaient recouvertes d'ossements remaniés, voire de parties de corps en connexion.

Dans ce même secteur de nouvelles fouilles furent entreprises en 1986 par J.-C. Hélas (Crubezy *et al.*, 2006). Une sépulture triple composée de deux adultes et d'un individu immature fut retrouvée sous le mur de l'enclos. Le prélèvement d'ADN de ces individus a permis d'établir un diagnostic par PCR et de confirmer le décès de ces individus par *Yersinia pestis* (Raoult *et al.*, 2000). En décembre 1996 de nouveaux sondages motivés par un nouveau plan de circulation lié au projet du tramway mirent au jour une sépulture double de deux enfants dans la zone III du cimetière, en pleine terre (Arlaud *et al.*, 1997).

▪ LE CIMETIERE SAINT-PIERRE (DREUX, EURE-ET-LOIR)

Ce cimetière paroissial fut découvert en 1990 lors de la fouille de sauvetage urgent réalisée place Métezeau à Dreux, sous la direction P. Dupont et U. Cabezuelo. Cette zone funéraire, située entre le beffroi et l'église Saint-Pierre comportait vingt-trois fosses, irrégulières et exigües, réparties en quatorze sépultures individuelles et neuf multiples.

Tous les individus ont été inhumés en décubitus dorsal suivant une orientation Ouest-Est même au sein des sépultures multiples où deux à vingt-deux sujets ont été déposés simultanément. Cet ensemble funéraire semble avoir été utilisé de manière intensive au cours du XIVe siècle d'après l'analyse de la stratigraphie des vestiges et de quelques fragments de céramiques contenus dans le remplissage (Cabezuelo *et al.*, 1994; Castex, 1994, 1995). L'effectif de ce site s'élève à 72 individus dont 35 adultes et 37 sujets immatures. Si les sépultures individuelles contiennent indifféremment des hommes et des femmes, les sépultures multiples renfermaient quand à elles une grande majorité de sujets masculins.

Dans un premier temps cette zone sépulcrale a accueilli des sépultures individuelles d'adultes, puis une série de sépultures multiples, ignorant les inhumations déjà présentes. Suite à cette période de surmortalité, la zone fut utilisée pour des inhumations individuelles d'enfants puis, une dernière sépulture multiple a été mise en place, avant l'abandon de cette partie du cimetière (Cabezuelo *et al.*, 1994; Castex, 1994, 1995). La gestion funéraire et notamment la superposition et le recoupement des sépultures montrent donc une volonté d'optimiser cet espace sépulcral dans un temps restreint. En effet trois des sépultures multiples occupent l'emplacement d'une ou plusieurs sépultures individuelles. Après l'utilisation de ces fosses, d'autres tombes individuelles sont venues s'implanter au-dessus. Dans un seul cas, à l'extrémité Sud de la parcelle, c'est une sépulture multiple qui est mise en place et recoupe la sépulture individuelle et la sépulture multiple déjà présentes à cet emplacement.

La gestion funéraire associée aux résultats de l'étude anthropologique des squelettes ont suggéré une crise de mortalité d'origine épidémique. Le diagnostic de la peste fut confirmé une dizaine d'années plus tard par des résultats positifs en biologie moléculaire (Drancourt *et al.*, 2004).

2. 1. 3. – *L'épidémie de peste de 1590*

■ *LE CIMETIERE DES FEDONS (LAMBESC, BOUCHES-DU-RHONE)*

Le cimetière des Fédons fut découvert en 1995 sur la commune de Lambesc dans les Bouches-du Rhône. Cet ensemble funéraire était constitué de 101 fosses organisées en dix-huit rangées selon une orientation Nord-Sud (Reynaud *et al.*, 2005; Reynaud *et al.*, 1996). Les recherches menées dans les archives préalablement à l'opération archéologique, ont montré que ces sépultures devaient être mises en relation avec une infirmerie créée pour la mise en quarantaine des malades. Les faits archéologiques et les données archivistiques attestent que 133 malades ont péri de la peste et ont été enterrés au hameau des Fédons, à proximité de l'infirmerie, entre avril et septembre 1590, date à laquelle la contagion ne semble plus trop inquiéter les habitants de Lambesc (Reynaud *et al.*, 2005).

Dans le cimetière, on décompte 75 tombes individuelles, 26 sépultures multiples (une quadruple, quatre triples, et vingt et une doubles). La taille de ces fosses rectangulaires aux angles arrondis varie en fonction de l'âge (adulte ou immature) des défunts et de leur nombre (Figures 1 et 2). Tous les individus étaient inhumés en décubitus dorsal suivant l'orientation Est-Ouest à l'exception de deux sujets retrouvés au sein de sépultures triples et d'un individu immature dans une tombe individuelle.

La répartition spatiale des sépultures témoigne d'une distribution aléatoire en fonction du sexe et de l'âge des individus. Toutefois, dans quatorze cas, on retrouve l'association d'un adulte et d'un enfant au sein d'une sépulture double (Acotto *et al.*, 2005). Les données démographiques recueillies par l'étude des restes osseux montrent que le recrutement de l'infirmerie s'est fait sans distinction de sexe ou d'âge. On compte ainsi 29 hommes et 32 femmes adultes et 72 immatures d'âge compris entre 0 et 18 ans. Le mobilier associé est peu important, il se limite à quelques objets personnels (bagues, chapelet) et à 34 épingles en bronze qui attestent l'utilisation de linceul.Les travaux de biologie moléculaire réalisés sur les dents extraites des squelettes des Fédons permirent d'authentifier ce site comme un cimetière de peste (Aboudharam *et al.*, 2005; Drancourt *et al.*, 2004).

Figure 1 : Vue des sépultures 3 et 4 du cimetière des Fédons (Cliché AFAN)

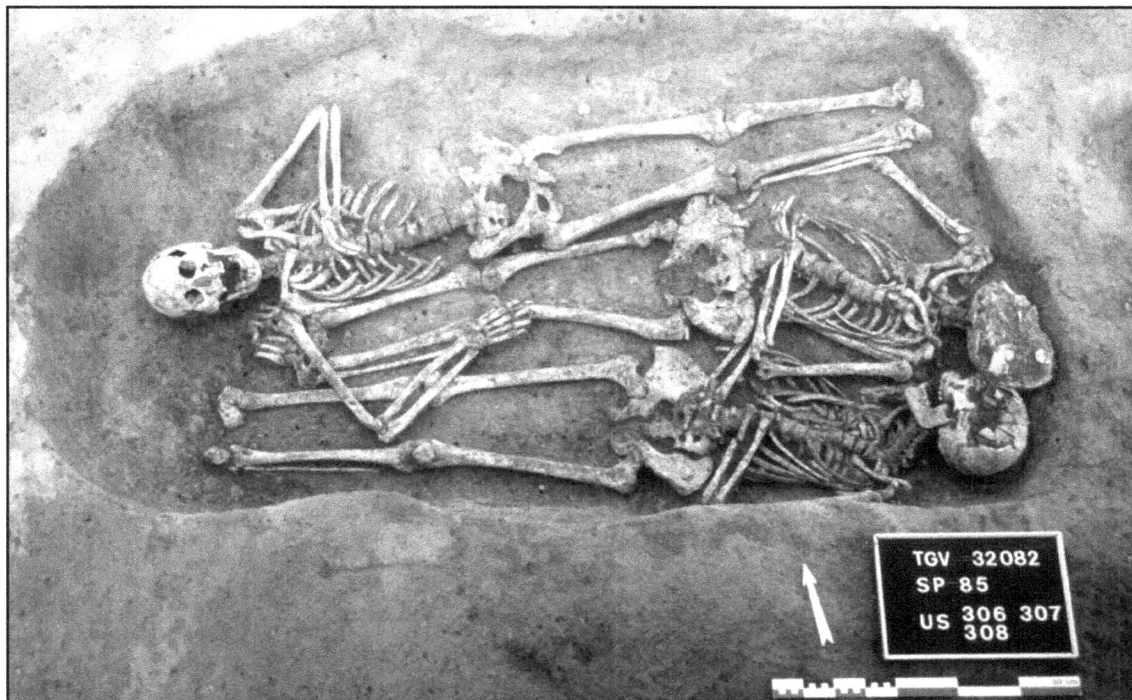

Figure 2 : Vue de la sépulture multiple 85 du cimetière des Fédons (Cliché AFAN)

2. 1. 4. – L'épidémie de peste de 1630

■ LE CIMETIERE DE LARIEY (PUY-SAINT-PIERRE, HAUTES-ALPES)

Cet ensemble funéraire a fait l'objet de deux campagnes d'archéologie programmées (2001 et 2002), dirigées par Michel Signoli, au cours desquelles ce site a été fouillé de façon exhaustive. Il s'agit d'un cimetière à l'écart des différents hameaux composant le village de Puy-Saint-Pierre. Ce site, encore présent dans la mémoire collective locale, est en relation avec l'épidémie de 1629-1630 (Signoli, 2001 ; Signoli *et al.*, sous presse).

Les documents d'archives ne livrent pas de listes de malades ou de victimes, mais font état de l'infection qui règne dans les différents hameaux de Puy-Saint-Pierre.

La zone d'inhumation était signalée par une croix, située au nord, et matérialisée par des murs en pierres sèches, la limitant au sud et à l'est. Au nord et à l'ouest en revanche, la limite était constituée par un grand talus de pente. Au sud de l'enclos, se trouvait manifestement le seuil d'accès du cimetière dont la surface totale était de 70 m². On distingue trois zones, qui permettent d'appréhender l'évolution de cet espace sépulcral, ainsi que la gestion funéraire en temps d'épidémie.

Une première zone à l'extrémité Nord de la parcelle présentait une faible densité d'inhumations, avec la présence de quelques sépultures individuelles (Figure 3). C'est dans la zone située au centre de la parcelle que l'on observe une augmentation des inhumations avec la présence de sépultures doubles (Figure 4). Enfin, la zone sud du cimetière où le nombre d'inhumations s'intensifie avec des sépultures multiples, traduit une augmentation des décès à laquelle les populations ont certainement eu du mal à faire face (Figure 5). L'organisation spatiale des sépultures suggère donc une utilisation de l'espace du Nord au Sud, c'est à dire "à reculons" du fond de l'enclos vers l'entrée du cimetière. La répartition spatiale des sépultures permet d'entrevoir la phase ascendante de l'épidémie : les premiers dépôts correspondent aux premiers morts de l'épidémie, puis l'augmentation des décès est perceptible dans la zone centrale. Enfin, la difficulté de gérer un nombre trop important de morts est parfaitement visible à proximité de l'entrée du cimetière (Signoli *et al.*, sous presse).

Au total 34 individus ont été exhumés : on compte 17 adultes (7 femmes, 8 hommes et 2 indéterminés) et 17 immatures (dont 12 sujets de moins de 10 ans).

La mise en évidence de l'ADN ancien de *Yersinia pestis* par les techniques de biologie moléculaire est en cours. Toutefois, des résultats positifs ont d'ores et déjà été obtenus par l'utilisation d'un test de diagnostic rapide attestant de la présence de l'antigène F1 du bacille de peste (Bianucci *et al.*, sous presse ; Signoli *et al.*, sous presse).

Figure 3 : Vue de la sépulture 11 située dans la zone Nord de la parcelle (Cliché : M. Signoli)

Figure 4: Vue des sépultures doubles situées dans la zone centrale de la parcelle (Cliché : M. Signoli)

Figure 5: Vue des sépultures situées dans la zone Sud de la parcelle (Cliché : M. Signoli)

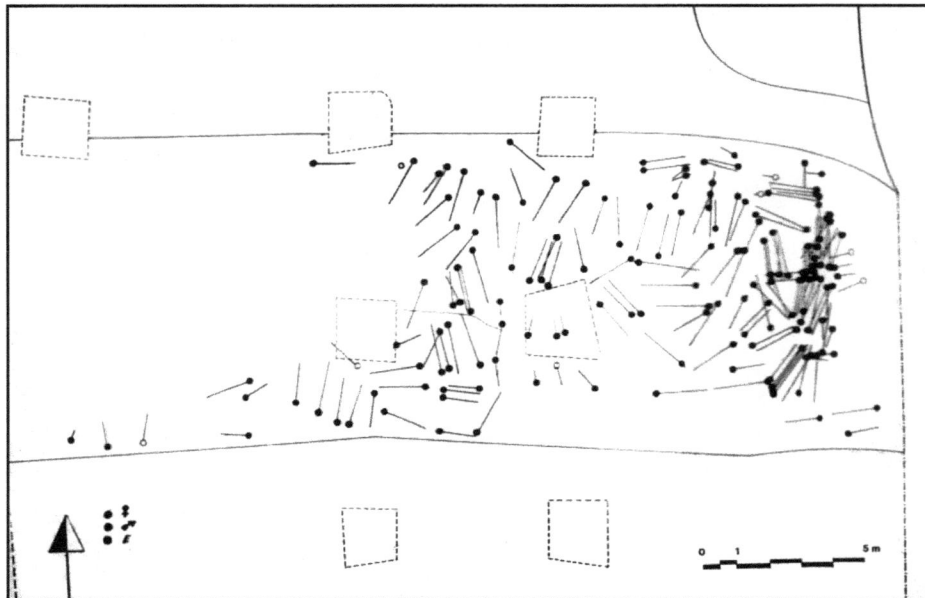

Figure 6: Plan général de la fosse de l'Observance et représentation schématique de la position des inhumations (relevé et dessin : AFAN)

Figure 7: Détail des inhumations dans la zone Est de la fosse (Cliché : M. Signoli)

2. 1. 5. – L'épidémie de peste de 1720-1722

▪ LE SITE DU COUVENT DE L'OBSERVANCE (MARSEILLE, BOUCHES-DU-RHONE)

Cette sépulture de catastrophe découverte en 1994 se présentait sous l'aspect d'une fosse rectangulaire d'une trentaine de mètres de longueur sur une dizaine de mètres de largeur. Les corps, recouverts de chaux, reposaient à une profondeur d'environ trois mètres (Signoli, 1998). Au total ce sont seulement 216 squelettes seulement qui ont été exhumés, alors que la capacité d'ensevelissement de cette fosse était beaucoup plus importante (Figure 6). Les modalités de remplissage diffèrent au sein de la fosse et permettent de distinguer trois zones.

Une première zone, à l'Est, celle où les fossoyeurs ont déposé les premiers corps, correspond à un charnier d'une cinquantaine d'individus, empilés les uns sur les autres

(Figure 7). La zone centrale de la sépulture présente des inhumations quasi-individuelles. Enfin la partie Ouest est pratiquement dépourvue de squelettes, qui sont épars dans cette zone vers la bordure Sud de la fosse.

Au sein de la fosse les corps ont majoritairement été déposés en décubitus dorsal (67,45 %), et en décubitus ventral (19,76 %), les positions en décubitus latéral droit ou gauche sont beaucoup moins présentes (4,07 %). Les corps suivent des orientations variées, les axes Sud-Est/Nord-Ouest (17,4 %), Nord-Sud (16,2 %), Nord-Est/Sud-Ouest (16, 8 %) étant les plus représentés. Le mode de remplissage observé dans la fosse indique que le processus de l'épidémie s'est déroulé en trois temps. Au cours de la première phase les victimes, nombreuses, ont du être inhumées à la hâte. Une seconde phase correspond à un déclin de la mortalité, qui accorde plus de temps à la population pour inhumer ses morts (Figure 8). Une troisième période marque la fin de l'épidémie où l'on inhume les dernières victimes avant de fermer la fosse.

Cette évolution dans la gestion funéraire permet d'envisager que la fosse de l'Observance ait été creusée au préalable et non au fur et à mesure des décès, dès lors que les premiers cas de pestiférés furent repérés dans la ville. Dans un contexte de rechute épidémique les inhumations rapides ne faiblissent pas car la peur d'une résurgence de la maladie demeure. En effet, le charnier de l'Observance fut mis en place au printemps 1722 comme l'atteste les archives historiques (Signoli, 1997). Cette sépulture de catastrophe résulte donc d'un contexte épidémique maîtrisé, et reflète l'anticipation de la population face à un fléau dont elle a un souvenir douloureux et quasi immédiat (la première phase épidémie de 1720-1721 qui a emporté près de 50 000 marseillais).

L'autre particularité de ce site réside dans les gestes funéraires qui ont pu être objectivés grâce à un certain nombre de faits archéologiques. Aucun mobilier n'a été retrouvé au contact des ossements, indiquant le dépouillement systématique des défunts avant d'être inhumés.

Ceci s'explique par la provenance des cadavres qui, ayant transité par une infirmerie, sont systématiquement déshabillés et dépourvus de leurs effets personnels. Cette hypothèse fut confirmée par les empreintes de tissus laissées dans la chaux par des linceuls, ainsi que par la mise en évidence d'une nécropsie (Signoli et al., 1996). Par ailleurs des gestes de vérification de la mort purent être observés grâce à la présence d'épingles profondément implantées dans les espaces métatarso-phalangiens de certains sujets (Léonetti et al., 1997). Cette dernière indication permet, elle aussi, de situer cette sépulture de catastrophe dans un contexte épidémique maîtrisé.

Figure 8 : Détail de la zone centrale de la fosse (Cliché : M. Signoli)

▪ LE SITE DU DÉLOS (MARTIGUES, BOUCHES-DU-RHONE)

A Martigues, le site du Délos fut découvert en 1994 à l'occasion de travaux pour la construction d'un ensemble immobilier et a permis d'exhumer des victimes de l'épidémie de peste, qui toucha cette ville entre novembre 1720 et juin 1721, comme l'attestent les archives historiques. La fouille nécessitée par l'urgence absolue se déroula sous la direction de J. Chausserie-Laprée. Elle permit notamment de percevoir trois tranchées parallèles creusées sur approximativement un mètre de profondeur et un mètre de largeur (Figure 9). Ces fosses ont livré un total de 39 individus inégalement répartis selon les tranchées (Signoli, 1995, 1998, 2006).

La tranchée I située le plus à l'Est contenait le plus grand nombre de squelettes, c'est-à-dire 23 individus (Figure 10). Elle se caractérisait par un regroupement de corps qui s'enchevêtraient sur plusieurs niveaux en raison de l'absence de sédiment interstitiel entre les squelettes (Figure 11). Cependant si l'on reconnaît là, clairement, des déversements successifs de tombereaux, certains individus semblaient avoir été jetés bien après les premiers dépôts. En effet, certains corps étaient en travers de la tranchée et ont été inhumés à un niveau supérieur, reposant sur une épaisse couche de sédiment qui les séparait des précédentes inhumations. Par ailleurs, cette tranchée s'avérait être scellée par une couche de chaux, régulière et d'une quinzaine de centimètres d'épaisseur.

Tous ces éléments nous amènent donc à conclure sur les modalités funéraires et la gestion des dépôts de cette tranchée : l'amoncellement des corps et la quantité importante de matériel retrouvé au contact direct des squelettes indiquent que les individus inhumés dans cette fosse provenaient très certainement de la ville et, en aucun cas, d'une structure hospitalière les ayant pris en charge. En revanche, les cadavres n'ont pas été enfouis systématiquement au fur et à mesure. Au contraire, la couche de chaux régulière qui recouvrait la totalité de cette fosse a, sans doute, été déposée une fois le remplissage de la tranchée achevé.

La tranchée II, située à l'Ouest de la tranchée précédente ne parait pas avoir été recouverte de chaux (Figure 9). Elle renfermait neuf squelettes, mais son remplissage diffère nettement de celui de la tranchée I. En effet les cinq individus contenus dans la partie Sud évoquent l'inhumation simultanée du contenu d'un tombereau. Pour les quatre autres individus retrouvés dans cette fosse, les inhumations sont individuelles avec de la chaux au contact direct de trois squelettes.

Ces inhumations n'ont pu être que successives comme un certain nombre d'éléments permettent de l'objectiver : la chaux a été répartie sur le cadavre systématiquement après chaque inhumation, ce qui explique le contact direct de la chaux avec les ossements. Une pénurie de chaux a peut être forcé les fossoyeurs à agir en conséquence et a donc empêché le recouvrement total de la fosse.

La tranchée III, à l'Ouest de la tranchée II, n'a livré que cinq individus recouverts d'une couche de chaux. Là encore, bien que ces inhumations soient individuelles, l'attitude des corps et les effets de contraintes provoqués par le bord de la fosse témoignent de la chute des cadavres depuis le bord supérieur de la fosse.

L'analyse de la répartition spatiale des individus n'a montré aucune disposition préférentielle des corps en fonction de l'âge ou du sexe, tant entre les trois tranchées qu'au sein même de celles-ci. Les cadavres ne semblent pas avoir été manipulés par les corbeaux puisque les squelettes présentaient toujours, au moment de leur découverte, les positions qu'ils avaient adoptées à l'issue de leur chute. Ce type de gestion funéraire témoigne d'une volonté d'ensevelir dans l'urgence, et hâtivement tous les cadavres face à un contexte d'acmé épidémique.

Figure 9: Vue générale des trois tranchées du Délos
(Cliché : Service archéologique de la ville de Martigues)

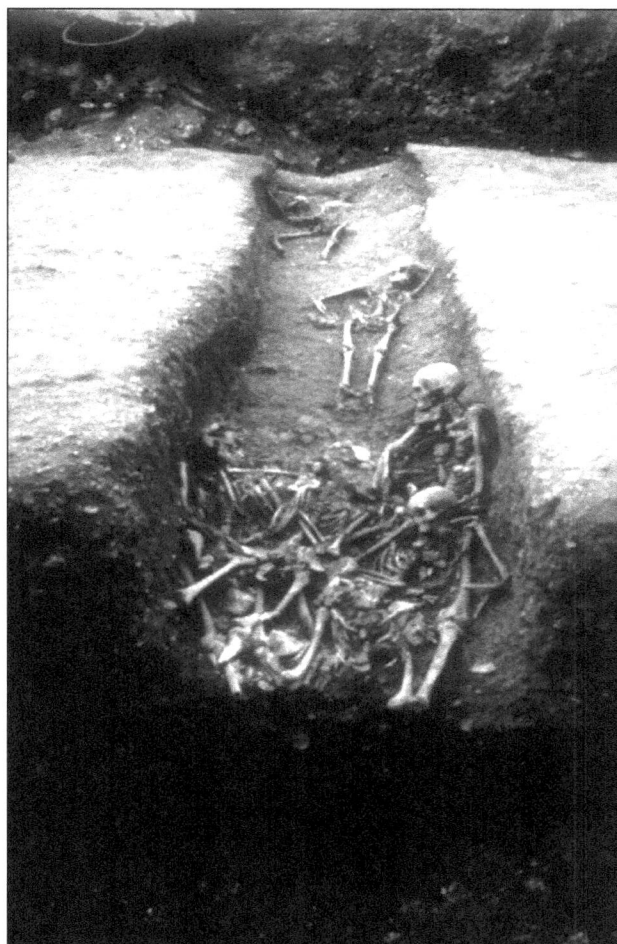

Figure 10: Vue de la tranchée I du Délos (Cliché Service archéologique de la ville de Martigues)

Figure 11 : Détail de la tranchée I du Délos (Cliché Service archéologique de la ville de Martigues)

▪ LE SITE DES CAPUCINS DE FERRIERES (MARTIGUES, BOUCHES-DU-RHONE)

Fouillé de façon exhaustive dans le cadre d'un sauvetage par S. Tzortzis, en 2002, ce charnier se trouvait sur les hauteurs du quartier de Ferrières. La peste fit irruption à Martigues en novembre 1720 et ne disparut qu'en juin 1721. Son très fort impact sur la communauté est bien attesté par un important *corpus* d'archives historiques qui concorde avec les découvertes archéoanthropologiques.

L'emplacement du site correspond à d'anciens terrains agricoles relevant du Grand Couvent des Capucins. Les zones d'inhumations mises au jour se trouvaient en contrebas de la butte sur laquelle fut édifié le couvent. La fouille a permis d'exhumer 210 squelettes répartis au sein de quatre tranchées d'orientation Est-Ouest.

La tranchée I, la plus méridionale, est un creusement large de 1,60 mètre environ. Les squelettes y étaient disposés sans orientation préférentielle en accumulations de six à quinze individus sur trois à quatre niveaux. Ces accumulations étaient espacées par un mètre environ les unes des autres. Le mobilier découvert en place, associé à

certains individus était constitué d'éléments de vêtements (boucles de chaussure et de ceinture, tissu et cuir résiduels) et de petits objets de la vie quotidienne manifestement contenus dans les poches des individus.

Ces éléments évoquent les déchargements successifs de tombereaux, vraisemblablement en provenance de Ferrières par la route de Fos (Figure 12). Les lacunes observées peuvent s'expliquer par un enfouissement systématique après chaque déchargement (Rigeade, 2003; Tzortzis, 2005). La configuration de la tranchée II, à dix mètres au nord de la précédente, semble similaire.

La tranchée IV, à trois mètres au Nord de la seconde tranchée était conservée sur la plus longue distance (environ 30 mètres). Nous y avons noté une évolution dans l'agencement des squelettes. Sur les 12 premiers mètres, à l'Ouest, ceux-ci étaient disposés par trois au minimum en rangs successifs et perpendiculaires à l'axe de la tranchée. L'orientation des corps était toujours identique à celle de la tranchée et la tête des individus se situait généralement à l'Ouest, le mode d'inhumation s'étant effectué d'Ouest en Est. La présence de sédiment

40

Figure 12 : Cliché de détail de la tranchée I (Cliché S. Tzortzis)

entre ces rangées montrait qu'elles avaient été ensevelies au fur et à mesure. Sur le reste de la tranchée, cette organisation n'existait pas et les dépôts de corps s'étaient manifestement effectués de façon désordonnée sur plusieurs niveaux. Cet ensemble est peut être le résultat de creusements successifs conditionnés par l'ampleur croissante des décès, avec semble-t-il un agrandissement des tranchées au fur et à mesure des besoins.

La tranchée III, la plus septentrionale, semblait assez différente. De moindre largeur (moins d'un mètre), elle contenait une continuité de squelettes répartis sur deux niveaux. A l'exception de rares épingles en bronze, sans doute de linceul, la quasi-absence de mobilier associé témoignait d'un déshabillage des corps avant inhumation. Cette configuration peut être la traduction d'un espace funéraire davantage lié à l'infirmerie des Capucins (Tzortzis, 2005; Tzortzis *et al.*, sous presse).

2. 1. 6. – Un site complexe : Le Lazzaretto Vecchio (Venise, Italie)

Le Lazzaretto Vecchio est une île trapézoïdale, située au Sud de la lagune de Venise, flanquée d'un îlot d'une superficie totale de 25 300 m² dont 8 400 m² de bâtiments couverts (Panzac, 1986). Officiellement ce lazaret fut fondé en 1423 pour accueillir les bateaux placés en quarantaine et les malades durant les épidémies de peste qui se sont succédées à Venise entre 1462 et 1632. 1468-1471. A ce Lazzaretto Vecchio s'ajoute le Lazzaretto Nuovo où séjournent les malades convalescents avant leur retour à Venise (Fazzini, 2004). Pour autant, les archives vénitiennes attestent que les pestiférés auraient déjà été isolés au Lazzaretto Vecchio dès l'épidémie de peste la fin du XIVᵉ siècle.

Ce lazaret est divisé en six enclos dont trois zones d'inhumations qui se succèdent du Sud au Nord : "Prato della Tezzetta di Morti", "Prato ai Morti", et "Prato al Morone". Chaque aire funéraire étant entourée de bâtiments couverts destinés à entreposer des marchandises (Figure 13).

Les sépultures ont été découvertes en juillet 2004 au cours de travaux de réhabilitation des bâtiments menés par la Soprintindenza per i Beni Archeologici del Veneto. Les opérations archéologiques et anthropologiques se sont déroulées dans un contexte d'urgence absolue, avec des contraintes importantes liées au déroulement des travaux de restauration. Il convient de signaler que la fouille des sépultures dépendait totalement des travaux entrepris sur le site, les sondages étaient donc effectués en fonction des besoins d'aménagements. De ce fait, aucune extension au-delà des limites des sondages ne fut entreprise pour fouiller les fosses ou les tombes dans leur globalité.

Au total ce site a révélé 58 sépultures individuelles, huit sépultures doubles, deux sépultures triples, deux sépultures quadruples et 92 fosses contenant de cinq à 172 individus. Les données stratigraphiques et le mobilier céramique retrouvé dans les fosses ont permis de situer chronologiquement chacune de ses inhumations, mais les études menées ultérieurement sur le mobilier associé et surtout des analyses au ^{14}C devraient permettre d'affiner ces datations. Nous ne présenterons ici que des résultats préliminaires et devant l'ampleur des données nous ne présenterons pas toutes les sépultures mais seulement les plus significatives pour chaque période chronologique.

– **Prato al Morone**

Toutes les sépultures de cette zone ont été retrouvées sous des murs encore en élévation, édifiés pour séparer les trois aires funéraires du lazaret. Cet emplacement a permis de situer chronologiquement la mise en place de ces fosses entre 1478 et 1486, et donc de supposer qu'elles renfermaient les victimes de l'épidémie de 1475.

La fosse 1 est la plus importante, elle couvrait une surface de 9,5 m², seules les limites Ouest et Nord ont pu être appréhendées (Figure 14). Par ailleurs le centre de la sépulture a été tronqué par la construction d'un pilier qui a perturbé les squelettes présents à cet emplacement. Au total, 184 individus dont 107 adultes et 56 immatures ont pu être individualisés (Gambaro et al., sous-presse).

Quatre dépôts successifs ont été mis en évidence, les défunts ont été inhumés en décubitus dorsal, tête-bêche suivant les orientations Est-Ouest/Ouest-Est. En revanche, les derniers individus inhumés, pour la plupart des sujets immatures, ont été retrouvés soit au centre de cet ensemble funéraire à proximité du pilier dans les mêmes positions et les mêmes orientations que les corps qui les ont précédé, soit en décubitus latéral selon un axe Sud-Nord/Nord-Sud matérialisant ainsi les limites de la fosse.

Les positions désordonnées des membres suggèrent que les derniers corps ont été jetés au centre de la sépulture, alors que ceux retrouvés contre les bordures Ouest et Sud ont sans doute glissé le long des parois.

Quatre autres fosses, de moindre taille (fosses 2, 3, 4, et 5) ont également été retrouvées sous le même mur de fondation, et nous avons pu y observer une organisation et une gestion funéraire similaires (Figure 15). Seules les orientations diffèrent de celles de la fosse 1. Les sujets ont été retrouvés en décubitus dorsal, tête-bêche, sur trois niveaux, suivant une orientation Nord-Sud ou Sud-Nord. Les derniers individus ont été inhumés perpendiculairement aux précédents selon un axe Ouest-Est (Gambaro et al., sous-presse).

– **Prato ai Morti**

Les sépultures les plus anciennes (fosses n° 21, 24 et 26), datées de la seconde moitié du XIVe siècle se concentrent au centre du lazaret dans l'aire funéraire de "Prato al Morti" (Figure 16). La stratigraphie et la chronologie de ces inhumations nous autorisent à penser qu'elles ont pu être mises en place sinon durant l'épidémie de 1348 tout au moins lors des épidémies qui lui ont très rapidement succédées. Ce sont des fosses de petites dimensions, disposées parallèlement les unes aux autres, séparées par un espace d'environ 50 centimètres. Au sein de ces fosses les cadavres ont tous été déposés en décubitus dorsal, tête-bêche, sur un même niveau. En revanche, les sept squelettes de la fosse 21 suivaient une orientation Nord-Sud/Sud-Nord, tandis que les 13 et 14 individus inhumés respectivement au sein des fosses 24 et 26, avaient été disposés suivant un axe Ouest-Est/Est-Ouest. Pour la fosse 26, les corps reposaient sur un dépôt de céramique et de planches en bois. La même constatation a pu être faite dans la fosse 34 qui se situe à proximité, dans la même zone du lazaret. Cette dernière a seulement été repérée, elle n'a fait l'objet d'aucune fouille. Le dépôt des individus s'est également réalisé d'Ouest en Est, les premiers inhumés reposent également sur un dépôt de tessons datés du début du XIVe siècle.

Dans cette zone des sépultures ont été mises en place à la seconde moitié du XVIe siècle, celles-ci pourraient être contemporaines de l'épidémie de peste de 1550. C'est le cas de la fosse 10 située à l'extrémité Nord de cette parcelle (Figure 17). Les 33 individus ont été inhumés sur trois niveaux. Les premiers inhumés ont été déposés suivant une orientation Sud-Nord. Le second dépôt suit une orientation Nord-Sud, deux sujets immatures étaient placés entre les jambes de deux adultes, un troisième immature était disposé perpendiculairement aux autres corps, tête à l'Ouest, le long de la bordure orientale de la fosse. Enfin pour le troisième dépôt les individus ont été disposés tête-bêche suivant les orientations Nord-Sud/Sud-Nord. Dans cette fosse, qui n'a été fouillée que partiellement, nous avons pu remarquer

que les défunts avaient été déposés soigneusement en décubitus dorsal.

Des sépultures s'établissent dans cette zone dans le courant du dernier quart du XVIe siècle ; à cette période la ville de Venise connaît une des épidémies de peste particulièrement meurtrière durant les années 1575-1577. Là encore ces inhumations diffèrent par leur forme, leur effectif et leur modalités de dépôt.

La fosse 6 située au Sud de l'espace sépulcral, renfermait 52 individus, sur cinq niveaux (Figure 18). Pour les trois premiers dépôts, d'une quinzaine d'individus chacun, les défunts avaient été superposés en décubitus dorsal suivant la même orientation Est-Ouest. En ce qui concerne le quatrième dépôt d'individus qui suit une orientation Sud-Nord, les positions des membres inférieurs et supérieurs indiquent sans équivoque les corps ont été jetés des bords de la fosse. Pourtant, tous ont été inhumés en décubitus dorsal. Il en est de même pour le dernier sujet inhumé, lui aussi précipité au sein de la fosse sans aucun soin, dans un axe Nord –Sud.

A proximité de la fosse 6 et contemporaine à celle-ci, 55 individus ont été exhumés de la fosse 35 (Figure 19), située au-dessus de la fosse 34 que nous avons évoqué précédemment. Au sein de cette sépulture, les défunts étaient disposés tête-bêche, en décubitus dorsal et orientés Nord-Sud/Sud-Nord. Les positions des bras des individus, en amont du crâne, où très écartés du reste du corps suggèrent comme dans la fosse 6 un contexte d'urgence, avec une utilisation optimale de l'espace funéraire disponible.

Figure 13: Vue générale de la fosse 2 du Lazzaretto Vecchio (Cliché C. Rigeade)

Figure 14 : Vue des fosses 21, 24 et 26 du Lazzaretto Vecchio (Cliché C. Rigeade)

Figure 15: Vue de la fosse 10 du Lazzaretto Vecchio (Cliché C. Rigeade)

Figure 16: Vue générale de la fosse 6 du Lazzaretto Vecchio (Cliché C. Rigeade)

Figure 17: Détail de la fosse 35 du Lazzaretto Vecchio (Cliché C. Rigeadei)

Figure 18: Vue de la fosse 19 du Lazzaretto Vecchio (Cliché : C. Rigeade)

– Prato della Tezzetta di Morti

D'après les données archéologiques cette zone a surtout été utilisée au cours des XVIIᵉ- XVIIIᵉ siècles, pour la mise en place de sépultures individuelles, et de sépultures multiples. Ces dernières sont peut-être contemporaines de la dernière épidémie de peste qui toucha le port de Venise en 1630-1632. Dans cette aire funéraire on distingue de longues tranchées qui suivent un axe Est-Ouest, et des fosses rectangulaires où le nombre de défunts est moins important.

La fosse 19 a pu être fouillée dans son intégralité, elle présente une forme rectangulaire de 2,35 mètres de long sur 1,20 mètres de large (Figure 18). Les individus adultes et sub-adultes y ont été inhumés tête-bêche, en décubitus dorsal suivant les orientations Ouest-Est/Est-Ouest, cinq dépôts ont pu être mis en évidence. Les sujets immatures ont été déposés en dernier, soit perpendiculairement aux corps déjà présents le long des parois de la fosse, soit dans les interstices laissés libres. Au total 20 squelettes ont été exhumés de cette sépulture. A proximité, d'autres fosses similaires mais incomplètes ont également pu être repérées lors de la fouille.

On retrouve le même mode de dépôt au sein des sépultures 64 et 65. il s'agit de deux tranchées parallèles distantes d'environ 50 centimètres, de 6 mètres de long sur 1,30 mètre de large (Figure 19).

Au sein des tranchées on distingue quatre inhumations d'une trentaine d'individus chacun, inhumés en décubitus dorsal, tête-bêche sur cinq niveaux et orientés Ouest-Est ou Est-Ouest. Les tranchées semblent avoir été creusées au préalable, et non au fur et à mesure des dépôts. D'une part l'ensemble des dépôts suit le même alignement Est-Ouest, d'autre part chaque dépôt a été accolé au précédent afin d'optimiser la place au sein de la tranchée. Ce n'est qu'une fois que tous les cadavres furent déposés que les tranchées ont été rebouchées par les fossoyeurs.

Enfin des sépultures individuelles ont été mises au jour, notamment dans la zone Nord de "Prato della Tezzetta di Morti". Il s'agit de tombes en pleine terre, sans aménagement particulier. Les individus ont été tous retrouvés en décubitus dorsal mais selon des orientations variées. Une sépulture individuelle (tombe 21) était recouverte de lentilles épaisses de chaux (Figure 20). Comme dans les sépultures multiples quelques objets personnels furent découverts *in situ*; il s'agit de bagues en bronze, de chapelets, ou de chaînes.

Nous estimons aujourd'hui à près de 2 000 individus exhumés sur le Lazzaretto Vecchio. Les éléments que nous avons présentés ne sont que des résultats préliminaires et l'étude anthropologique en cours, notamment les données paléodémographiques et paléopathologiques, offriront de nouvelles perspectives. Les résultats des analyses spécifiques (dendrochronologie, ^{14}C, analyse des pièces céramiques, numismatiques…) devraient également permettre de préciser la chronologie de tous ces ensembles funéraires. Enfin, face à un site qui a accueilli les sépultures de pestiférés durant près de trois siècles, une approche microbiologique et immunohistochimique s'avère nécessaire et particulièrement prometteuse.

Figure 19 : Vue de la tranchée 65 du Lazzaretto Vecchio (Cliché C. Rigeade)

Figure 20: Détail de la sépulture 21 du Lazzaretto Vecchio (Cliché C. Rigeade)

2. 2. – Un site en relation avec une crise épidémique : LE CIMETIERE D'ISSOUDUN (BERRY)

L'ancien cimetière d'Issoudun a fait l'objet d'une opération archéologique menée par l'INRAP durant l'été 2002 sous la direction de Philippe Blanchard. Ce cimetière situé au Nord-Ouest de l'actuel centre-ville d'Issoudun, à quelques centaines de mètres du couvent des Cordeliers mis en place au XIIIe siècle, fut abandonné au XVIIIe siècle. Sur une superficie de 1 341 m² environ 6 000 tombes furent mises en évidence lors de la réalisation de tranchées de sondage puis d'un décapage de toute la surface (Anonyme 41, 2003; Blanchard, 2002; Duday, 2004).

Cet espace funéraire fut occupé successivement par des inhumations en sarcophage du XIIIe-XIVe siècles, puis par des sépultures multiples auxquelles succèdent des tombes individuelles entre le XVIe et le XVIIIe siècles. Parmi les sépultures les plus récentes mises au jour dans la partie Sud-Ouest du site, on distingue deux phases de mortalité bien distinctes.

La première comprend 12 sépultures multiples réparties en quatre rangées orientées suivant un axe Nord-Ouest/Sud-Est, et la seconde n'est représentée que par deux fosses Nord-Est / Sud-Ouest, dont l'une vient recouper une sépulture de la première phase (Anonyme 41, 2003).

Un certain nombre de sépultures individuelles ont également été mises au jour dans cette zone du cimetière ; celles-ci suivent la même orientation que les sépultures multiples mises en place durant le premier épisode de surmortalité. De plus la présence d'individus inhumés en décubitus ventral au sein de ces tombes individuelles permet d'associer ces dernières à un contexte de crise (Duday, 2004). La présence de monnaies permet de situer ces inhumations de la fin du XVIIe siècle jusqu'au début du XVIIIe siècle.

Au total se sont 206 individus qui ont pu être exhumés. Les fosses mesuraient en moyenne 2 mètres de long sur 1,30 mètre de large et renfermaient entre 13 et 22 individus déposés tête-bêche suivant les orientations Est-Ouest/Ouest-Est (Castex *et al.*, 2005). L'étude de la modalité des dépôts a mis en évidence le dépôt successif et régulier sur au moins quatre niveaux de sujets adultes et sub-adultes. Les immatures sont les derniers à avoir été inhumés au sein des fosses. Enfin le dernier dépôt est constitué d'ossements secondaires qui semblent correspondre aux vidanges des tombes individuelles du cimetière. Aucun mobilier associé n'a été retrouvé au contact des squelettes, néanmoins la présence d'épingles et de fragments de tissus permet d'évoquer l'utilisation de linceul (Duday, 2004). L'hypothèse d'une épidémie de peste (Azzaro, 2003; Crancon, 2002) écartée, l'étude paléopathologique (Duday, 2004) ainsi que les données démographiques et chronologiques du site permettent d'envisager une épidémie de rougeole (Duday, 2004) ou de dysenterie[4].

2. 3. – Les sépultures de catastrophe d'origine militaire

2. 3. 1. – Le Moyen Age

- ### LE SITE DE WISBY (SUEDE)

Le site de Wisby fut découvert en 1905, au cours de travaux d'aménagement urbains dans l'ancien cimetière attenant au couvent Solberga.

Les premières fouilles conduites la même année sous la direction de Doc Oscar Vilhelm Wennersten mirent au jour une première fosse où 258 squelettes étaient enchevêtrés, dans les positions les plus variées, sur une hauteur variant de cinquante centimètres à un mètre. Les quelques monnaies, les armures et les armes retrouvées *in situ* associées aux archives historiques permirent de mettre en relation cette fosse avec la bataille que se livrèrent

---

[4] Dominique Castex, communication personnelle.

les Danois et les Suédois aux abords de la ville le 27 juin 1361 (Thordeman, 1939).

En 1911, une seconde fosse similaire à la première, fut découverte et fouillée partiellement. Cette sépulture qui comprenait 710 individus inhumés simultanément fit à nouveau l'objet d'une opération archéologique en 1928-1930. Durant ces investigations une troisième fosse, plus modeste mais à l'organisation plus complexe, fut également mise au jour (Thordeman, 1939).

Au sein de cette troisième fosse qui s'étend sur 12 m², 119 squelettes ont été exhumés et au moins trois épisodes d'inhumations ont pu être distingués. Deux petites fosses, respectivement de trois et deux mètres de diamètre, semblent avoir été creusées dans un contexte d'urgence. Une quarantaine de corps y avaient été déposés simultanément dans une grande confusion. Le dernier niveau d'inhumation de la troisième fosse correspondait à une vingtaine de squelettes inhumés les uns à côtés des autres, en décubitus dorsal suivant une orientation Est-Ouest. A ce même niveau plusieurs ossements épars furent également retrouvés. Contrairement aux fosses précédentes, la fosse III renfermait moins d'éléments d'armures ; 37 % des individus étaient des sujets immatures, contre 16 % pour la fosse I et 8 % pour la fosse II. Par ailleurs les lésions traumatiques sont moins importantes dans la fosse III. Pour les traumatismes crâniens par exemple, ceux-ci représentent 5,4 % dans la fosse III, contre 42,3 % et 52,3 % respectivement pour les fosses I et II. L'hypothèse d'une troisième sépulture destinée à inhumer les victimes civiles du siège de Wisby est la plus probable (Ingelmark, 1939).

En 1930, à la fin de la campagne de fouilles, une série de sondages furent effectués sur toutes les surfaces voisines pour déterminer l'existence ou l'absence de fosses similaires, ainsi que pour définir l'étendue du couvent et de l'église au Moyen-Age. Une quatrième fosse fut effectivement repérée, mais aucune fouille ne fut entreprise sur celle-ci. Il

s'agissait, comme pour le dernier niveau d'inhumation de la troisième fosse, d'individus alignés et déposés avec soin, tête à l'Est (Thordeman, 1939).

Au total ce site révéla quatre fosses, une cinquième sépulture aurait été découverte puis détruite en 1811 lors de la construction d'un bâtiment sur la parcelle du cimetière. Le nombre de sujets inhumés est important, il s'élève à 1 085 individus ; 95 % sont des hommes et la moitié d'entre eux présentaient de multiples traumatismes (Ingelmark, 1939). Le mobilier associé constitue l'une des collections d'armures parmi les plus importantes d'Europe ; sa répartition au sein des fosses a permis de mettre en évidence que les deux belligérants (Danois et Suédois) avaient été inhumés ensemble sans distinction. De part son effectif, le site de Wisby demeure à ce jour le site militaire le plus important pour la période médiévale.

LE SITE DE TOWTON (ROYAUME-UNI)

Ce charnier militaire fut découvert fortuitement dans le village de Towton (Nord du Yorkshire, Angleterre) en juillet 1996 au cours de travaux de construction d'un garage. Rapidement, le mobilier associé, le mode d'inhumation, le grand nombre de lésions traumatiques relevées sur les squelettes et les sources historiques permirent d'attribuer cette sépulture à la bataille du 29 mars 1461. Une datation au ¹⁴C, ainsi qu'une analyse du matériel par le musée du Royal Armouries de Leeds devait confirmer cette hypothèse par la suite (Butzen, 2001; Fiorato, 2000b, a; Sutherland, 2000).

Selon les historiens cette bataille fut l'une des plus sanglantes de la Guerre des Roses, elle se déroula entre les villes de Sherburn-In-Elmet et Todcaster. Au cours du XVIIIᵉ siècle, les archives mentionnent la découverte fortuite d'un grand nombre de restes osseux entre ces deux villages. D'autres charniers, mis en place à la suite de batailles successives, ont également été découverts au XIXᵉ siècle.

Une partie des restes osseux du site de Towton furent détruis à la pelle mécanique au début des travaux de construction (environ 23 individus). Ces ossements furent réinhumés dans le cimetière Saxon près de la tombe de Lancastrian, où avait été inhumé Lord Dave de Gilliesland, lui aussi tué en mars 1471. Il fut enterré de manière individuelle, alors que les soldats et les villageois morts sur le champ de bataille furent inhumés dans l'anonymat au sein de sépultures multiples (Fiorato, 2000a).

Au total 38 squelettes en connexion furent découverts au sein d'une fosse rectangulaire de 3,25 mètres de long sur deux mètres de large, et 50 centimètres de profondeur, portant à 61 le nombre minimum d'individus retrouvés sur ce site. Les individus, tous masculins, ont été inhumés simultanément tête-bêche. Les multiples lésions *peri mortem* présentes sur 28 crânes (96 %) de Towton, indiquent que ces soldats sont morts sur le champ de bataille (Novak, 2000). Le remplissage de la fosse s'est effectué d'Est en Ouest : les 22 premiers corps étaient inhumés en décubitus dorsal ou ventral suivant une orientation Ouest-Est. Le second dépôt qui concerne une dizaine d'individus suivait une orientation Est-Ouest ; hormis un seul sujet, tous reposaient en décubitus ventral. Trois autres individus furent inhumés successivement en décubitus dorsal, et orientés respectivement Nord-Sud, Est-Ouest et Ouest-Est. Le dernier sujet déposé au sein de la fosse était en décubitus dorsal suivant l'orientation Est-Ouest. Seuls deux individus (les squelettes 16 et 23) semblent avoir été jetés du bord de la fosse. La régularité du dépôt et l'orientation des corps indique un minimum de respect envers les défunts et suggère une attention particulière pour optimiser l'espace funéraire (Boylston *et al.*, 2000; Sutherland *et al.*, 2001).

2. 3. 2. – Le XVIIIe siècle

▪ LE SITE DE LA RUE MARTIN DU NORD (DOUAI, NORD)

Le site de la rue Martin du Nord a été découvert à l'occasion de travaux préalables à la construction d'immeubles. L'intervention archéologique s'est déroulée en 1981, sous la direction de Pierre Demolon. La parcelle fouillée s'étend sur environ 150 m², à proximité immédiate de l'église Saint Albin, érigée en paroisse au XIIe siècle, puis détruite à la Révolution. Les derniers niveaux d'occupation sont constitués par un remblai hétérogène où plusieurs sépultures ont été mises en place au début du XVIIIe siècle. Selon les archives historiques, ce terrain, qui se trouvait *intra muros* à cette époque, fut utilisé comme annexe du cimetière paroissial de l'église Saint Albin. Au total trois zones funéraires peuvent être appréhendées : une zone Nord (secteur 1), où se concentrent la majorité des sépultures multiples (neuf au total), ainsi qu'une tombe individuelle (Figure 21). Une zone localisée au centre de la parcelle qui regroupe trois sépultures multiples (secteur 2). Enfin une zone Sud-Est où, le grand nombre d'ossements en position secondaire et de connexions partielles témoigne des bouleversements postérieurs survenus dans cette zone. Trois inhumations primaires individuelles ont également été découvertes dans ce secteur.

Au total ce sont donc 12 sépultures multiples et quatre sépultures individuelles qui ont été mises au jour sur ce site. Le mobilier retrouvé au contact direct des squelettes est peu important. Il se limite à une balle de plomb, une pierre à fusil, et une pièce de monnaie qui a permis d'attribuer la mise en place de ces sépultures au début du XVIIIe siècle (Rigeade *et al.*, 2006b).

La localisation des inhumations sur la zone de fouilles ne fait apparaître aucune répartition spatiale spécifique pour les tombes individuelles ou pour les sépultures multiples. Il s'agit dans tous les cas de dépôts primaires en pleine terre. Les sépultures multiples sont de tailles variables et regroupent entre deux et quatorze individus inhumés simultanément. La densité des corps est variable d'une fosse à une autre : nous avons dénombré cinq fosses comportant deux individus, trois fosses renfermant trois sujets, une fosse de cinq individus ainsi que deux fosses où huit individus étaient présents. Une seule fosse localisée au centre de la parcelle renfermait quatorze individus (Figure 22).

Dans les fosses individuelles, les individus ont tous été inhumés en décubitus dorsal, mais suivant l'orientation inhabituelle Sud-Nord pour les trois tombes du troisième secteur. Seule la tombe individuelle du premier secteur suivait une orientation traditionnelle Ouest-Est, et comportait un aménagement funéraire particulier ; la position du crâne et du rachis cervical du squelette, très caractéristique, suggère l'existence d'un élément périssable surélevant la tête du défunt. La décomposition des corps s'est effectuée en espace colmaté. Les articulations (labiles et persistantes) des quatre squelettes concernés ont été maintenues en connexion stricte, les volumes thoraciques sont conservés et le rachis de ces individus se présente systématiquement d'un seul tenant.

Au sein des sépultures multiples, les squelettes montrent des orientations et des positions variées. L'orientation des corps est extrêmement diversifiée d'une fosse à une autre ; cependant nous avons constaté une orientation préférentielle Ouest-Est (26 %) et Est-Ouest (22 %) sur l'ensemble du site. L'analyse de la position des corps au sein de ces inhumations témoigne d'une prédominance du décubitus dorsal et du décubitus ventral : respectivement 61% et 20 % des squelettes. En revanche, les corps reposant en décubitus latéral droit ou gauche (3 % et 5 %) sont moins nombreux. Il convient de noter que, pour 11 % des individus, nous n'avons pu retranscrire leur position d'inhumation en raison de lacunes dans la documentation archéologique.

L'absence de sédiment interstitiel entre les squelettes indique que les corps ont été déposés simultanément dans les fosses. Malgré l'enchevêtrement apparent des squelettes, l'analyse de la chronologie relative des dépôts a montré que les individus ont été rigoureusement superposés tête-bêche.

Nous avons fréquemment constaté des positions désordonnées des membres. Indépendamment de la position d'inhumation des défunts (en décubitus dorsal ou ventral), les membres supérieurs sont en position fléchie ou semi fléchie, orientés perpendiculairement au corps, parfois dirigés en amont du crâne ou rabattus sous le corps des défunts. Les membres supérieurs ont subit des effets de contrainte liés aux parois de la fosse et à la présence de plusieurs individus au sein de la sépulture. De même la posture des membres inférieurs semble liée à des contraintes d'espace et à la proximité des corps entre eux. La décomposition des corps, qui s'est effectuée comme pour les sépultures individuelles dans des fosses en pleine terre, présente quelques particularités.

A l'exception d'une seule sépulture multiple, située à l'extrémité Nord de la parcelle, l'ensemble des fosses présente des modalités funéraires similaires et homogènes. En effet, dans un seul cas, deux individus déposés simultanément ne suivent pas l'orientation générale des six premiers dépôts (Nord-Sud et Sud-Nord) ; ils sont disposés tête-bêche, perpendiculairement aux autres squelettes. Un grand nombre de clous et d'épingles en bronze, qui s'apparentent à des attaches de linceul, ont été retrouvés au sein des fosses. Sauf mention sur les relevés individuels des squelettes, nous n'avons pu localiser avec précision ces éléments et, par conséquent, les associer aux individus présents. Leur grand nombre et leur présence au sein des sépultures (individuelles ou multiples) permet d'évoquer l'utilisation de linceuls pour envelopper les corps (Rigeade *et al.*, 2006b).

Les résultats obtenus sur les squelettes exhumés rue Martin du Nord mettent en évidence une population masculine, plutôt jeune. Le profil démographique associé au cadre historique permet d'envisager un recrutement militaire, ce que semble confirmer le matériel associé déjà évoqué et les pathologies traumatiques rencontrées. Toutefois ces dernières semblent être en nombre insuffisant pour conclure à des soldats décédés au cours d'un combat. Les sépultures de catastrophe en relation avec un épisode belliqueux montrent généralement un nombre élevé de lésions traumatiques localisées sur le squelette crânien et/ou post-crânien. Ces résultats semblent être en contradiction avec un contexte de guerre de siège du début du XVIIIᵉ siècle, où les combats sont réputés pour leur violence mais ils nous autorisent à penser à un recrutement mixte : d'une part quelques soldats morts des suites de blessures, d'autre part des individus victimes d'épidémie et/ou d'infections. L'étude des inhumations de la rue Martin du Nord a également permis de constater un recrutement funéraire particulier. En effet,

cinq des individus sur lesquels ont été constaté des lésions traumatiques, sont regroupés dans une seule et même fosse, de la zone 1 (Figure 23). La mise en place des sépultures multiples a pu être échelonnée dans le temps, au fur et à mesure et en fonction de la nature de ces décès. Toutes ces inhumations ne seraient donc pas le résultat d'un affrontement, mais consécutives à plusieurs évènements (Rigeade *et al.*, 2006b).

L'absence d'artefacts et d'effets personnels au contact des squelettes limite nos résultats, car aucun élément ne nous permet de déterminer si les défunts sont des civils ou des militaires et, s'il s'agit dans le dernier cas, de soldats Hollandais ou de soldats Français. En revanche cette déficience objective la présence d'un établissement sanitaire à proximité de cette zone d'inhumation. Cette hypothèse est soutenue par la présence d'épingles de linceuls, même si elle implique l'usage d'enveloppes fines ou souples étant donné les postures particulières des membres de certains individus.

Figure 21: Vue générale de la zone 1 de la rue Martin-Du-Nord (Cliché : Direction de l'Archéologie de la communauté d'agglomération du Douaisis)

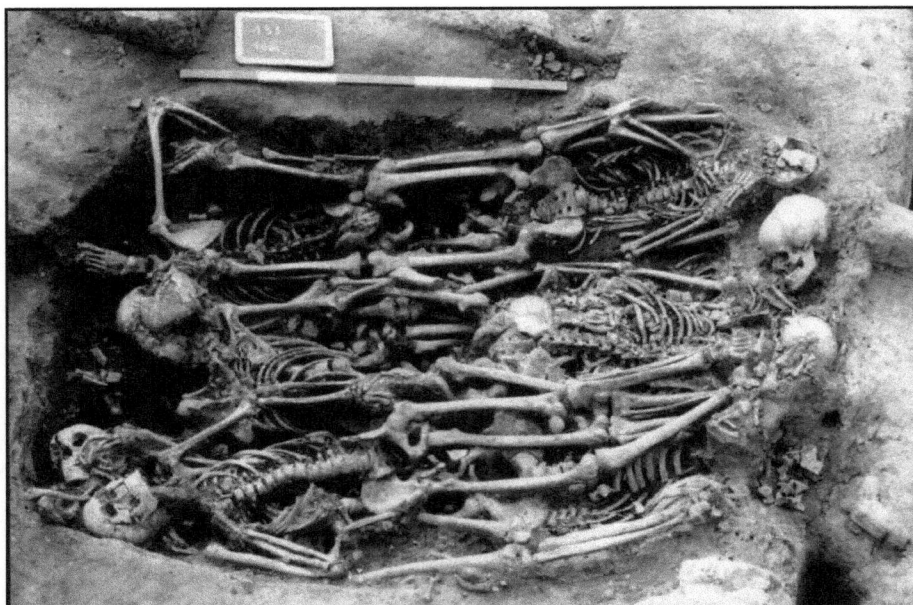

Figure 22: Vue générale de la sépulture multiple où 14 squelettes ont été exhumés de la rue Martin-Du-Nord
(Cliché : Direction de l'Archéologie de la communauté d'agglomération du Douaisis)

Figure 23 : Vue de la sépulture qui renfermait les individus présentant des lésions traumatiques
(Cliché : Direction de l'archéologie de la communauté d'agglomération du Douaisis)

- ▪ *LE SITE DE FORT WILLIAM HENRY (CANADA)*

En 1952 le fort William Henry fut transformé en attraction touristique, des fouilles furent entreprises les années suivantes, sans être jamais publiées. Au cours de ces opérations archéologiques un certain nombre de sépultures furent mises au jour près du cimetière, à l'extérieur et à l'intérieur du fort. Un charnier fut également découvert sous le sol d'un bâtiment, l'étude anthropologique des individus fut réalisée en 1993. Les nombreuses sources écrites qui relatent les divers évènements dramatiques survenus au fort (notamment le siège) durant la guerre de Sept ans, permirent d'attribuer cette inhumation à la bataille du 9 août 1757.

Le fort était également connu au XVIIIe siècle pour des problèmes sanitaires, les garnisons présentes y souffrirent de nombreuses maladies et de conditions de vie difficiles, avant et pendant le siège. Le 9 août 1757 des tribus indiennes attaquèrent le fort, alors détenu par les troupes françaises, et massacrèrent les prisonniers britanniques, pour la plupart des malades et des blessés (Liston *et al.*, 1996; Starbuck, 1993). Le massacre de ces prisonniers désarmés fut rendu célèbre par James Fenimore Cooper dans son ouvrage "Le dernier des Mohicans", publié en 1826.

Les squelettes avaient été inhumés tête-bêche suivant l'orientation Nord-Sud/Sud-Nord L'étude anthropologique a mis en évidence cinq hommes âgés entre 18 et 30 ans. Quatre individus montraient des traumatismes *ante mortem* au niveau du membre inférieur, l'un d'entre eux avait subi une amputation de la jambe droite. Un seul squelette ne présentait aucun traumatisme, il s'agit peut-être d'un des soldats malades du fort. Les lésions traumatiques ayant entraîné la mort du sujet diffèrent d'un individu à l'autre. Deux squelettes (le numéro 2 et le numéro 4) montraient de nombreux coups portés par un objet contondant à la cage thoracique, au niveau du bassin, ou encore au niveau du crâne. Des impacts de balles furent relevés

sur les membres inférieurs et les bassins des squelettes 3 et 5. Enfin le sujet numéro 1 fut décapité et plusieurs traces de coups provoqués par un objet contondant furent également observées au niveau des côtes, de l'épaule gauche et du bassin. Sur cinq individus, quatre présentaient des traumatismes aux jambes, ce qui signifiait qu'ils étaient immobilisés. Les multiples lésions traumatiques et les mutilations confirment que ces soldats, invalides, ont été massacrés par les tribus indiennes (Liston *et al.*, 1996; Starbuck, 1993).

2. 3. 3. – Le XIXe siècle

- ▪ *LE CIMETIERE DE SNAKE HILL (FORT ERIE, ETATS-UNIS)*

Ce cimetière, situé à 700 mètres à l'Ouest du vieux fort Erie a fait l'objet d'une opération archéologique en 1987. Les différents épisodes belliqueux qui se sont déroulés dans le fort, et notamment le siège de 1814 ont été largement relatés dans la biographie de Doc Armasa Toubridge, parue en 1854. Ce dernier servait à la frontière du Niagara et à Fort Erie (Pfeiffer *et al.*, 1991).

Lors de la fouille du cimetière, 28 inhumations primaires furent mises au jour. Il s'agit d'inhumations individuelles et multiples. L'utilisation systématique du cercueil et/ou du linceul est attestée par la présence de clous et d'épingles retrouvés *in situ*. Ce sont 24 boutons d'uniformes de l'armée américaine qui permirent d'identifier les soldats, leur numéro de régiment, et de mettre ces sépultures en relation avec le siège du fort de 1814. Trois fosses "poubelles" renfermaient des déchets médicaux notamment des restes humains montrant des traces d'amputations et des signes d'interventions chirurgicales, ainsi que des restes d'animaux portant des traces de découpe de boucherie (Pfeiffer *et al.*, 1991).

Au sein des sépultures les soldats ont tous été inhumés en décubitus dorsal suivant une orientation Ouest-Est ou Est-Ouest, y compris les trois individus inhumés simultanément dans la même fosse. L'étude anthropologique a mis en évidence des individus de sexe masculin, jeunes, aucun sujet âgé de plus de 40 ans ne fut retrouvé. En revanche une des sépultures renfermait le squelette d'un adolescent dont l'âge au décès est survenu entre 14 et 16 ans. Au total 26 hommes furent retrouvés au sein des sépultures primaires, 13 squelettes soit 50 % de l'effectif montraient des lésions traumatiques, sept soldats (28%) présentaient des fractures au niveau des côtes, 25% au niveau du fémur (en incluant les amputations), et deux crânes comportaient des impacts de balles. Au total neuf soldats ont subi une amputation, 13 sont décédés de blessures causées par une arme à feu, et 12 de lésions traumatiques diverses ayant provoqué la mort (Pfeiffer *et al.*, 1991).

▪ LE CIMETIERE DU COUVENT DE SANTA CLARA (TOLOSA, ESPAGNE)

Les travaux de construction conduits en 1989 dans le centre ville de Tolosa révélèrent un grand nombre de restes osseux. Cette découverte entraîna des fouilles archéologiques conduites sous la direction du Département d'Histoire et d'Archéologie de la Société scientifique d'Aranzadi. La présence de monnaies, de balles et surtout de boutons d'uniformes permit de mettre en relation ces inhumations avec la guerre d'indépendance espagnole qui se déroula entre 1807 et 1813.

Les archives historiques font mention de l'établissement d'un hôpital militaire à proximité du Couvent de Santa Clara, sous le contrôle des troupes françaises de Napoléon Ier, durant cette période. Au total ce sont 115 squelettes qui furent découverts sur une surface de 96 m² (Etxeberria, 1999). Les corps étaient répartis par petits groupes de cinq à sept individus en moyenne, inhumés simultanément tête-bêche. Les positions et les orientations anarchiques des individus indiquent là aussi que les cadavres ont été jetés, sans le moindre soin. Tous les groupes suivaient un même alignement, ce qui

permet de conclure à l'établissement de grandes tranchées ou de grandes fosses rectangulaires pour inhumer les cadavres au fur et à mesure des décès.

Les individus étaient exclusivement de sexe masculin, 23 % d'entre eux étaient de jeunes adultes. Un quart des squelettes montraient des lésions traumatiques ayant entraîné la mort, notamment des impacts d'armes à feu ; huit d'entre eux présentaient les traces d'une amputation. La fouille fine de ces individus a permis de retrouver les épingles permettant de fixer les bandages après l'intervention chirurgicale. Les membres amputés furent d'ailleurs découverts dans une zone spécifique du cimetière (Etxeberria, 1999). Ces résultats laissent présager que les soldats inhumés à cet endroit sont décédés des suites de leurs blessures. En se référant aux archives historiques qui indiquent l'utilisation de ce couvent comme hôpital de campagne, il est permis d'envisager que chacune de ces inhumations corresponde aux individus décédés lors d'une journée ou d'une nuit.

▪ LE SITE DE SIAURES MIESTELIS (VILNIUS, LITUANIE)

Ce site fut découvert par des engins de terrassement en octobre 2001 dans le quartier de "Siaures Miestelis" au Nord de la ville *Vilnius,* dans le cadre de travaux d'aménagements urbains. La tranchée correspondant aux zones dites de Plotas I et II s'étirait sur une quarantaine de mètres de longueur et avait une dizaine de mètres de largeur en son centre. La fouille de la zone de Plotas I se déroula en mars 2002 sous la direction de Michel Signoli (Figure 24). Les investigations menées parallèlement sur la zone de Plotas II furent conduites sous la direction de Justina Poskiene avec le concours de Rimantas Jankauskas. Il convient de noter qu'en septembre 2002, une seconde tranchée (Plotas III) a été découverte et fouillée par une équipe exclusivement lituanienne (Rigeade *et al.*, sous presse; Signoli *et al.*, 2004). La présence de vestiges d'uniformes a permis très rapidement de mettre ces inhumations en relation avec la retraite de Russie de la Grande Armée de Napoléon Ier, en 1812.

Au total, 886 squelettes ont été exhumés sur la zone de Plotas I pour une surface de 100 m². Ces individus qui s'accumulaient sur plusieurs niveaux, au contact direct les uns avec les autres semblent avoir été jetés pêle-mêle, dans le désordre, des bords de la fosse.

Les individus étaient inhumés dans toutes les positions mais plus fréquemment en décubitus dorsal et en décubitus ventral (Figure 25). Les postures de certains squelettes retrouvés au centre de la fosse résultent d'un glissement de ces cadavres sur des amoncellements de corps déjà présents contre les bords Sud et Nord de la tranchée. L'orientation générale des corps, très majoritairement Est-Ouest et Ouest-Est (c'est-à-dire dans l'axe général de la tranchée) confirme que les corps n'ont donc pas été déposés au sein de la tranchée par les fossoyeurs mais ont plutôt étaient déversés à partir des bordures Sud et Nord, ce que confirment les postures inhabituelles des squelettes retrouvés avec les membres supérieurs en extension, en amont du crâne.

Plusieurs squelettes d'équidés ont également été retrouvés au contact direct des squelettes humains. Leur position stratigraphique témoigne de leur enfouissement aux premiers instants de l'utilisation funéraire de cette tranchée (Rigeade *et al.*, sous presse; Signoli *et al.*, 2004).

La fouille de ce charnier a également révélé la présence de nombreux objets au contact direct des ossements. Il s'agit essentiellement d'éléments vestimentaires (fragments plus ou moins bien conservés d'uniformes, de linges de corps, de chaussures ou de bottes, de couvre-chefs et des boutons…). Des effets personnels étaient également présents (pièces de monnaie, objets religieux, bagues…). Aucun vestige d'arme, blanche ou à feu, n'a été retrouvé. Il convient toutefois de noter que deux pierres à fusil ont été découvertes au contact de deux individus, au niveau de la région supérieure des fémurs. Ce qui correspond sans doute aux poches des basques des habits (Rigeade *et al.*, sous presse; Signoli *et al.*, 2004). L'abondance du matériel associé retrouvé au contact des individus évoque le contexte d'urgence dans lequel ce charnier a été constitué, puisque les soldats n'ont pas été dépouillés de tous leurs effets personnels (pièces d'uniformes, contenus des poches).

L'originalité du profil paléodémographique, forte majorité des hommes (98,52 %), importance des sujets dont l'âge au décès se situe entre 20 et 39 ans (72,22 %) et l'omniprésence des pièces d'uniformes attestent de l'utilisation de cette fosse pour l'inhumation de soldats engagés dans la Campagne de Russie de 1812. Si l'attribution militaire à cette sépulture de catastrophe ne fait aucun doute, en revanche, l'originalité de ce site réside dans le fait que ces soldats n'ont pas été inhumés à l'issue d'un combat qui leur aurait été fatal comme l'a révélé l'étude anthropologique réalisée sur ces squelettes (Ardagna *et al.*, sous presse). En effet les sources historiques décrivent comment 35 000 soldats de la Grande Armée sont morts de froid au début de décembre 1812, dans les jours qui suivirent leur arrivée dans Wilna. La faim, la fatigue et le typhus (Raoult *et al.*, 2006), ont largement contribué à une mort massive de ces soldats, par des températures glaciales.

Figure 24: Vue générale du Plotas I du site de Siaures Miestelis (Cliché Y. Ardagna)

Figure 25: Cliché de détail du Plotas I de Siaures Miestelis (Cliché Y. Ardagna)

Figure 26: Vue générale des fosses A, B, C, et D de Kaliningrad (Cliché C. Rigeade)

LE SITE DE KALININGRAD (RUSSIE)

En juin 2006, les travaux d'urbanisme entrepris dans le Parc de la "Mère Patrie", dans le centre ville de Kaliningrad mirent au jour plusieurs inhumations contemporaines de la Retraite de Russie de la Grande Armée de Napoléon en 1812. Dès les premiers travaux de terrassement les vestiges d'un bastion du mur d'enceinte de la ville de Königsberg (XVIIe-XVIIIe siècles) furent découverts sur cette parcelle. Puis, les investigations archéologiques conduites sous la direction d'Alexandre Kozlov, révélèrent un cimetière prussien qui figurait sur des plans de la ville du XVIIIe siècle à proximité d'un établissement hospitalier, et les vestiges d'un bunker de l'armée allemande daté de la Seconde Guerre mondiale à l'extrémité Est de la parcelle. A l'opposé de cette zone quatre sépultures multiples suivant un alignement Nord-Sud furent mises au jour (Figure 26). Le matériel associé, notamment des boutons d'uniformes et quelques pièces de monnaies retrouvées au contact des squelettes permit très rapidement d'attribuer ces vestiges à des soldats de la Grande Armée de Napoléon Ier. Le cimetière et les fosses des soldats étaient séparés par un pont qui permettait de sortir de la ville fortifiée. A l'exception d'une seule fosse (fosse C), la plus septentrionale, les sépultures avaient été très endommagées par les engins de terrassement, rendant impossible leur délimitation, et parfois même l'individualisation des squelettes.

Alors que la fouille de ces quatre fosses fut entreprise, ce sont environ une dizaine de fosses supplémentaires qui furent accrochées par les pelles mécaniques. Ces dernières suivaient le même alignement Nord-Sud que les quatre premières fosses. Au total ce sont donc treize fosses qui furent découvertes sur ce site.

La fosse C présentait une forme ovale, une longueur de 2,20 mètres de long sur 1,80 mètres de large (Figure 27). Au fond de la fosse, contre la bordure Est, se trouvait un cercueil, intact, similaire à ceux qui furent retrouvés dans le cimetière Prussien, qui renfermait les restes osseux d'un individu. Au total se sont 29 individus qui furent exhumés de cette fosse, auxquels il faut rajouter trois individus qui ont été accrochés par la pelle mécanique. Nous avons pu distinguer 12 dépôts successifs de un à trois corps déposés simultanément selon des positions et des orientations diverses. Hormis deux sujets inhumés en décubitus latéral gauche retrouvés le long du cercueil, 14 individus ont été déposés en décubitus dorsal et neuf en décubitus ventral. Les corps présentent alternativement des orientations Sud-Nord et Nord-Sud, mais les dix derniers inhumés ont été orientés Ouest-Est. Les postures de ces derniers évoquent un glissement des corps vers le centre de la fosse, le long de la pente de la paroi Ouest. La position de certains corps retrouvés dans le fond de la fosse (donc les premiers inhumés), témoigne d'une manipulation des cadavres par les fossoyeurs pour optimiser l'espace funéraire. Les jambes de l'individu 21 ont été par exemple repliées pour pouvoir intégrer l'espace sépulcral (Figure 28). En revanche les attitudes des membres inférieurs et supérieurs de certains squelettes indiquent que certains corps ont été jetés sans ménagement au sein de la fosse.

Le matériel associé dans la fosse C se résume à quelques boutons en bois de culottes et à quelques boutons d'uniformes. Des boutons de guêtres furent retrouvés *in situ* contre le tibia et la fibula d'un individu. Enfin, quelques poils furent retrouvés sur l'occipital d'un soldat, indiquant la présence d'une coiffe. Tout ce mobilier atteste que ces soldats ont été inhumés habillés. L'originalité de cette sépulture réside dans la découverte d'un cercueil, certainement mis en place avant le dépôt en pleine terre des cadavres. Comme nous l'avons déjà précisé, il s'agit du même type de réceptacle rencontré dans le cimetière prussien, ce qui nous invite à privilégier l'hypothèse d'une inhumation de civil, plutôt que celle d'un officier militaire.

Les résultats préliminaires des observations anthropologiques réalisées sur le terrain montrent un *sex ratio* en faveur des individus masculins (21 sujets). Il convient de signaler la présence de trois femmes au sein de cette fosse et cinq squelettes dont l'état de conservation n'a pas permis de diagnose sexuelle. L'estimation de l'âge au décès montre une prépondérance de sujets sub-adultes et de jeunes adultes. Ces résultats objectivent l'hypothèse d'un recrutement militaire. L'absence de lésions traumatiques *péri mortem* sur les squelettes associée aux premiers résultats paléodémographiques, nous autorisent à penser à une crise de mortalité d'origine épidémique. D'après les sources historiques, une épidémie de typhus survint juste après l'arrivée de la Grande Armée à Königsberg au début de l'année 1813, faisant de nombreuses victimes parmi les soldats et les habitants de la ville.

La destruction totale ou partielle de certaines fosses ne nous a pas permit d'observer la gestion funéraire au sein de celles-ci (Fosses A, D, F, G, H) mais le mobilier associé (un shako, des chaussures, des boutons d'uniformes, de culotte…) confirme la présence de soldats au sein de ces sépultures. Toutefois les autres fosses semblent présenter des modalités de dépôts différentes malgré les difficultés d'interprétation inhérentes aux destructions. Les fosses B, D, E et I présentent une forme rectangulaire, les individus ont été déposés tête-bêche en décubitus dorsal ou ventral, sur trois ou quatre niveaux, suivant des orientations Nord-Sud ou Sud-Nord (Figures 29 et 30). Deux cercueils étaient également présents au sein de la fosse E, située parallèlement, à environ 300 mètres de la fosse C. Enfin il convient de signaler que les premiers niveaux de la fosse I étaient recouverts de fioles en verre brisées. Il s'agit peut-être là des déchets de l'hôpital établi à proximité de la zone funéraire.

La gestion funéraire et l'absence de pathologies traumatiques sur les squelettes de soldats nous permettent de privilégier le scénario d'une épidémie de typhus ayant prévalue à la mise en place de ces fosses. Les analyses engagées sur les dents, le sédiment et les fragments de tissus prélevés lors de la fouille permettront peut-être de confirmer cette hypothèse.

Figure 27: Vue du dernier dépôt d'individus au sein de la fosse C de Kaliningrad (Cliché : C. Rigeade)

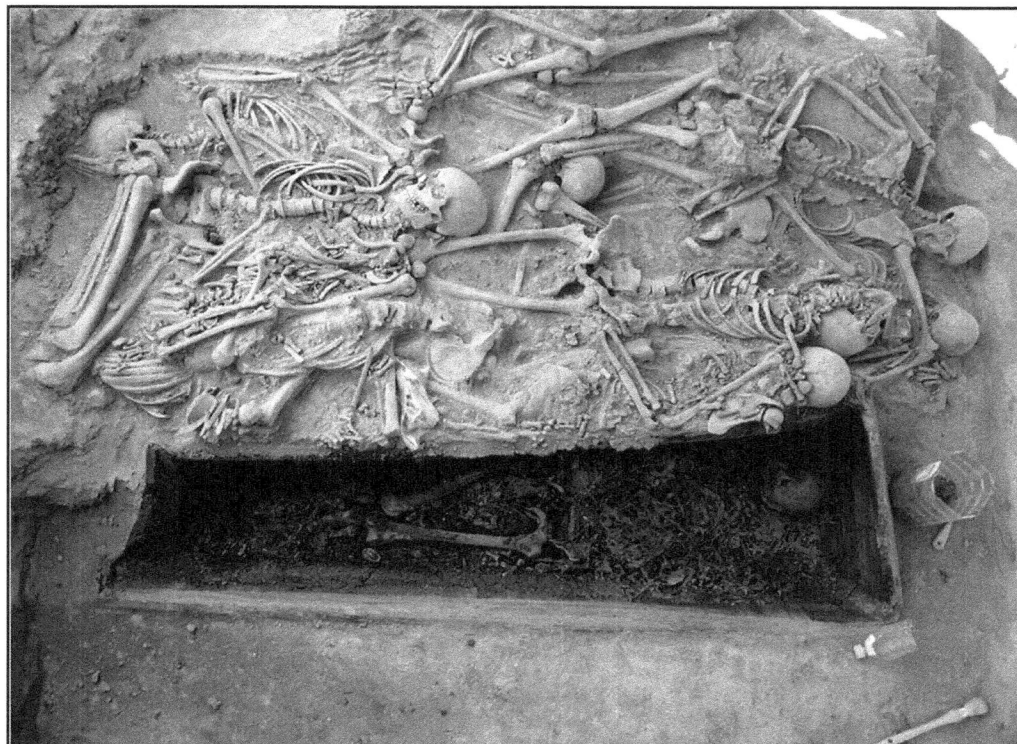

Figure 28: Vue du quatrième dépôt d'individus au sein de la fosse C et du cercueil de Kaliningrad (Cliché : C. Rigeade)

Figure 29: Vue du premier dépôt de la fosse B de Kaliningrad (Cliché C. Rigeade)

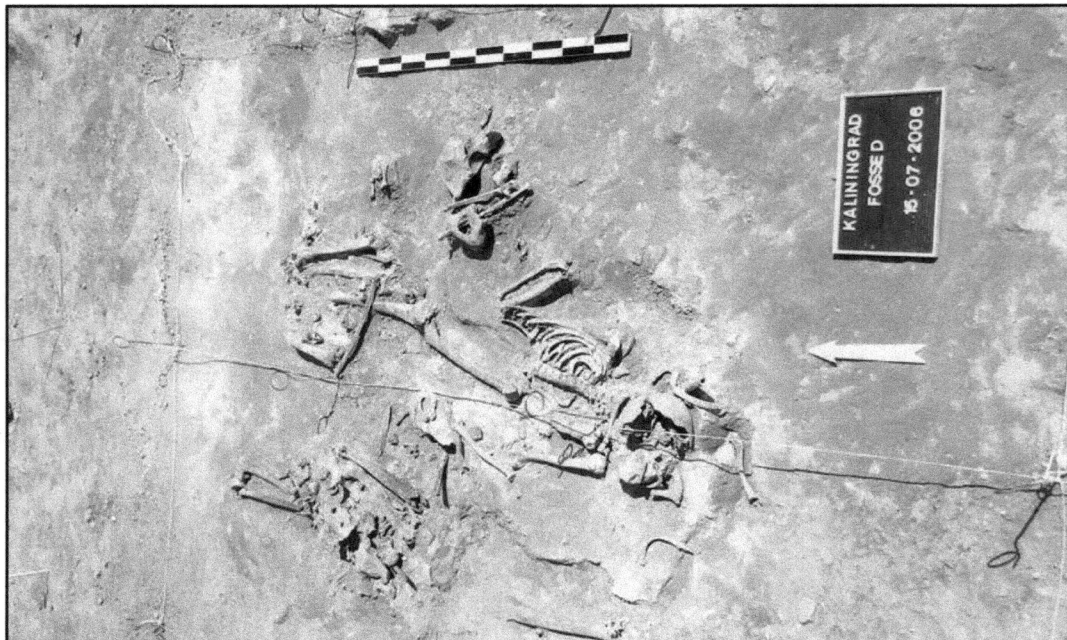

Figure 30: Vue de la fosse D de Kaliningrad (Cliché C. Rigeade)

2. 3. 4. – Le XXᵉ siècle : les inhumations de la Première Guerre Mondiale

▪ LES SÉPULTURES DE MONCHY-LE-PREUX (NORD)

Deux ensembles funéraires furent découverts sur la commune de Monchy-Le-Preux. Une première inhumation fut mise au jour au début des années 1990 dans le cadre de travaux archéologiques menés préventivement sur l'emprise d'un gazoduc. Le squelette d'un soldat britannique fut retrouvé, en décubitus dorsal, dans le remplissage supérieur d'un trou d'obus. La position des membres supérieurs et des membres inférieurs, très écartés par rapport à l'axe du corps, évoque un dépôt du corps au sein du trou d'obus sans ménagement. Les quelques pièces d'équipement associées au squelette permirent d'identifier un officier subalterne britannique et de replacer cette sépulture dans son contexte. Ce soldat fut probablement tué lors de la contre-offensive allemande destinée à reconquérir Monchy-Le-Preux à la mi-avril 1917 (Desfosses *et al.*, 2000b). Sous les jambes de ce soldat britannique, dans les couches inférieures du remplissage de l'obus, gisait le corps d'un fantassin allemand. Ce dernier reposait en décubitus ventral et la posture générale du squelette montre que ce soldat a sans doute était précipité dans ce trou d'obus. L'inhumation de ce fantassin allemand a peut être précédé de quelques jours celle du soldat britannique, lors de la prise du village de Monchy-Le-Preux par les troupes anglaises le 11 avril 1917 (Desfosses *et al.*, 2000a; Desfosses *et al.*, 2000b).

En décembre 1996, la surveillance de travaux de terrassement dans la zone d'activité Artoipôle permit de découvrir cinq sépultures multiples où reposaient les corps de 27 soldats britanniques. Les archives militaires rapportent les pertes subies par la 3ᵉ Armée Britannique dans ce secteur, lors de l'offensive qui se déroula à l'Est d'Arras le mercredi 11 avril 1917. Cet ensemble funéraire était composé de deux trous d'obus contenant, pour l'un les restes épars de six soldats, pour l'autre six corps en connexion et de trois fosses rectangulaires renfermant respectivement six, cinq et quatre individus. Les sujets sont tous inhumés en décubitus dorsal et orientés Sud-Ouest/Nord-Est face à l'ennemi (Desfosses *et al.*, 2000a). Les soldats ont été inhumés avec leurs uniformes.

Cela a permis, d'une part d'identifier les combattants de la 111ᵉ brigade, d'autre part de constater le recrutement particulier de chaque fosse en fonction du grade du défunt. La position des membres supérieurs et inférieurs, très écartés des corps, permet d'écarter l'hypothèse d'une inhumation en linceul, mais la présence de couvertures posées sur les cadavres est toutefois envisageable, comme le montrent les clichés de l'époque. L'absence des membres supérieurs ou inférieurs chez la moitié des sujets peut être imputé à des explosions d'obus car la présence d'éclats a été retrouvée sur certains corps. Ces sépultures ont été installées à proximité d'une antenne médicale chargée d'apporter les premiers soins, de dénombrer les pertes et de répartir les patients suivant le type de blessures reçues. Leur mise en place témoigne d'un minimum de soin apporté aux victimes des combats. Aucun corps d'officiers n'a été retrouvé au sein de ces fosses, ces derniers ont certainement du être déposés en arrière du front (Desfosses *et al.*, 2000a).

▪ LE SITE DE GAVRELLE (NORD)

Cette sépulture a été mise au jour à l'occasion de la pose du même gazoduc que celui où a été trouvé le soldat allemand de Monchy-le-Preux. L'opération archéologique mit en évidence 12 soldats allemands inhumés dans un trou d'obus. Les corps étaient disposés en décubitus dorsal, tête-bêche, sur deux niveaux, suivant des orientations Ouest-Est et Est-Ouest. La présence d'œillets en aluminium permet d'évoquer l'utilisation de toiles de tente pour envelopper les corps (Desfosses *et al.*, 2000a; Desfosses *et al.*, 2000b, 2005).

Les soldats ont été inhumés habillés. Deux d'entre eux avaient encore leurs casques, les fêlures visibles au niveau des coques les rendaient inutilisables. Les armes et les brelages ont toutefois été prélevés avant l'ensevelissement. Aucun objet personnel n'était associé aux dépouilles à l'exception de quelques demi-plaques d'identité retrouvées *in situ*. Cette découverte permit d'identifier les unités auxquelles appartenaient ces soldats : il s'agissait des 6e et 7e compagnies du 152e régiment d'infanterie. Les sources historiques ont mis en relation cette inhumation avec l'offensive allemande du 28 mars 1918 dans le secteur d'Oppy-Gavrelle (Desfosses *et al.*, 2000a; Desfosses *et al.*, 2000b, 2005).

▪ *LE SITE DE VILLERS-BRETONNEUX (NORD)*

La réalisation de tranchées de sondages sur le tracé de l'A29, en 1997 au Sud de Villers-Bretonneux, révéla la présence de deux squelettes au sein d'un trou d'obus. Il s'agissait d'un soldat du Commonwealth entre les jambes duquel se trouvait la moitié inférieure d'un soldat français. Le premier individu était inhumé en décubitus dorsal, les membres inférieurs en flexion. Son brelage et son masque à gaz furent retrouvés *in situ*, ainsi que de nombreux effets personnels.

Entre les jambes de ce dernier se trouvait les membres inférieurs d'un second soldat : un tirailleur algérien identifié grâce aux deux plaques d'identité encore présentes au niveau d'une des poches de son pantalon. Cette sépulture double a été attribuée aux combats qui se déroulèrent dans ce secteur le 25 avril 1918 (Desfosses *et al.*, 2000a; Desfosses *et al.*, 2000b).

▪ *LE SITE DE THELUS (NORD)*

Au début des années 1990 les fouilles préventives occasionnées par le tracé de la RN17 révélèrent une sépulture individuelle de la Première Guerre mondiale sur la commune de Thélus. Le squelette était en décubitus dorsal, les membres supérieurs relevés en arrière du crâne. La présence d'une balle *in situ* et l'étude anthropologique du squelette ne laissa planer aucun doute sur la cause du décès. Ce soldat avait été inhumé habillé, un grand nombre d'objets personnels (chapelet, croix, pièces de monnaie, pipe, lettres manuscrites) furent retrouvés dans la tombe (Desfosses *et al.*, 2005).

▪ *LE SITE DE SAINT-REMY-LA-CALONNE (MEUSE)*

Située dans les bois communaux, à 400 mètres de la tranchée de la Calonne et à 21 km au sud-est de Verdun, la sépulture de Saint-Rémy-La-Calonne fut fouillée en novembre 1991 sous la direction de Frédéric Adam. Cette sépulture renfermait les dépouilles de 21 soldats du 288e régiment d'infanterie de la Mirande disparus le 22 septembre 1914. Parmi eux se trouvait l'écrivain Alain Fournier (Adam, 1992; Adam *et al.*, 1992). L'opération archéologique mis au jour une fosse sub-rectangulaire de 5,20 mètres de long sur 2,60 mètres de large, et profonde de 0,30 à 0,40 mètres (Adam, 1999).

Les soldats avaient été déposés tête-bêche, sur deux rangées de 10 individus. Le 21e soldat reposait quant à lui au centre de la fosse, recouvrant partiellement cinq individus. Au sein de la fosse le dépôt des corps s'est effectué en suivant un ordre hiérarchique : le capitaine fut le premier déposé, suivi successivement du lieutenant, du sous-lieutenant, et des sous officiers. Les hommes de troupe furent les derniers à être inhumés (Adam, 1999). La présence de nombreux objets, notamment de plaques d'identité et vestiges d'uniformes retrouvés *in situ*, associée aux documents d'archives relatifs au 288e régiment d'infanterie facilita l'identification de ces soldats (Adam, 1999; Boura, 1992, 1997a, b, 2000). Enfin les multiples lésions traumatiques présentes sur les squelettes écartèrent définitivement l'hypothèse d'une exécution et attestèrent d'une mort au combat (Adam, 1999).

▪ LE SITE DE LA *ZAC-ACTIPARC* (ARRAS, NORD)

La ZAC "Actiparc" se situe à l'entrée Nord-Est de la ville d'Arras et couvre l'ancienne ligne de front du premier conflit mondial. Une série de sondages furent réalisées entre avril 2001 et septembre 2002 sur une surface 300 hectares, et révélèrent la présence d'inhumations de 31 soldats dont quatre sépultures individuelles, une sépulture double, une triple et une multiple. Il s'agissait de combattants britanniques tombés au cours de l'offensive anglaise qui se déroula entre le 9 et le 13 avril 1917 dans ce secteur (Desfosses *et al.*, 2003a, b, 2005).

La présence d'insignes régimentaires et de plaques d'identité a permis d'identifier l'unité d'appartenance des soldats. Les quatre tombes individuelles renfermaient les squelettes de trois soldats du 15ème bataillon de la Royal Scots et un soldat de la Royal Naval Division, Nelson Brigade. La sépulture double comprenait les restes osseux de combattants du 11ème bataillon de la Royal Scots ou du 9ème bataillon du Scottish Rifles, et trois soldats du 10ème bataillon du Lincolnshire Regiment étaient inhumés dans une même sépulture (Desfosses *et al.*, 2003a).

La découverte la plus spectaculaire fut celle de 20 soldats britanniques, en mai 2001, au sein d'une fosse rectangulaire de 15 mètres de long sur 2 mètres de large, profonde de 40 centimètres. Cette sépulture était matérialisée en surface par un culot d'obus planté verticalement. Les corps étaient déposés soigneusement, d'Ouest en Est, côte à côte, le coude droit de chaque homme recouvrant systématiquement celui de l'individu inhumé à sa droite.

Seul le vingtième corps présentait une position différente avec les membres supérieurs en extension, le long du corps. Hormis deux soldats (les numéros 16 et 17) qui n'étaient représentés que par des fragments de membres supérieurs ou inférieurs, ou de grill thoracique, tous les squelettes étaient complets et en connexion. Les restes épars de ces deux sujets ont été déposés au sein de la sépulture, à l'emplacement exact qui leurs étaient destinés si leurs dépouilles avaient été retrouvées dans leur intégralité. L'étude anthropologique réalisée lors de la fouille a mis en évidence la présence de traumatismes osseux importants évoquant la mort violente de ces soldats, et une estimation de l'âge au décès qui se situe entre 20 et 40 ans. Malgré l'absence d'effets personnels, la découverte de quelques badges d'épaule permit de préciser l'appartenance des soldats au 10ème bataillon du Lincolnshire Regiment. D'après les sources historiques ces hommes étaient originaires de la même région, ce qui explique le soin particulier accordé à cette inhumation mise en place à l'issue de l'offensive britannique du 9 avril 1917 et située en première ligne du front (Desfosses *et al.*, 2003a).

La grande majorité des corps a été retrouvée au point ultime de l'avancée des unités à la fin de la journée du 9 avril, le long de la Nationale 50 reliant Arras à Douai. La concentration des corps dans cette zone est révélatrice du durcissement des combats en fin de journée et de l'impossibilité faite aux soldats britanniques de progresser plus en avant, suite au raidissement de la défense allemande (Desfosses *et al.*, 2003a).

2. 4. – Les charniers en relation avec un massacre de population

2. 4. 1. – *Un site de l'Antiquité Tardive : LA SEPULTURE DE LA PREFECTURE (ARRAS, NORD)*

Cette sépulture fut découverte en 1991, à l'occasion de fouilles archéologiques conduites par A. Jacques, place de la Préfecture, dans le centre ville d'Arras. Cette fosse rectangulaire longue d'1,75 mètre et large de 78 centimètres fut retrouvée le long du mur sud de fortifications romaines du IIIe siècle et dans des niveaux stratigraphiques datés des IVe-Ve siècles. Au sein de cette fosse 12 individus ont été mis au jour, répartis sur quatre niveaux d'inhumation. Certains squelettes ont été altérés par la mise en place des fondations de la cathédrale érigée à proximité immédiate de la sépulture. Un certain nombre d'ossements épars de faune et du matériel, notamment des boucles de chaussures, furent retrouvés dans le sédiment de remplissage de la sépulture. Des restes de cheveux ont également été découverts *in situ* (King, 1992).

Les corps ont été déposés simultanément et sommairement sans considération pour la position. Aucun traitement funéraire particulier n'a été observé en fonction de l'âge ou du sexe des sujets. Hormis deux adultes inhumés en décubitus ventral et un enfant en décubitus latéral droit, tous les individus reposaient en décubitus dorsal. Tous les corps étaient orientés Ouest-Est, à l'exception de deux sujets inhumés Nord-Sud et Sud-Nord (King, 1992).

L'étude anthropologique a mis en évidence la présence de neuf adultes (sept femmes et deux hommes) et trois immatures. La présence de lésions traumatiques fut observée sur les crânes de deux sujets (King, 1992).

Une correspondance de Saint Jérôme, datée de 409, fait mention de nombreux ravages endurés par la ville d'Arras, notamment une famine, dans les années 406-407. Puis en 428-450 ce sont les Francs qui attaquèrent la ville. Par ailleurs la ville d'Arras subit les effets militaires d'un conflit religieux durant cette période. Toutefois le contexte archéologique semble privilégier l'hypothèse de victimes des invasions germaniques des IVe-Ve siècles. En l'absence de matériel associé il semble difficile de déterminer s'il s'agit de familles romaines ou germaines (King, 1992).

2. 4. 2. – *Le XIVe siècle :*

- #### *LE SITE DE VALENCIA (ESPAGNE)*

En 1994, des fouilles archéologiques entreprises dans le centre ville de Valencia mirent au jour une sépulture renfermant une quarantaine de squelettes inhumés simultanément, contemporaine, d'après le mobilier retrouvé *in situ*, de l'épidémie de peste du XIVe siècle. Au total, 42 individus furent découverts au sein d'une fosse irrégulière, de 3 mètres de long sur 2,70 mètres de large (Calvo Galvez *et al.*, 1998).

Les squelettes présentaient des positions et des orientations singulières, 24 individus étaient inhumés en décubitus dorsal (63,1 %), 10 en décubitus ventral (26,3 %) et quatre en décubitus latéral (10,5 %). Pour deux sujets, situés dans la partie supérieure de la fosse, il n'a pas été possible de connaître la position d'inhumation. Les membres supérieurs d'un grand nombre de sujets ont été retrouvés perpendiculairement au corps, parfois d'un même côté, dirigés en amont du crâne ou rabattus sous le corps. De même les membres inférieurs ont été fréquemment découverts en flexion ou en extension suivant des orientations divergentes. Toutes les orientations étaient représentées, cette constatation permet d'en déduire que les cadavres ont été jetés des rebords de la fosse (Calvo Galvez *et al.*, 1998).

L'étude anthropologique a mis en évidence la présence de 40 adultes dont 22 de sexe masculin et neuf de sexe féminin. Seulement deux immatures furent retrouvés, il s'agit de deux sujets appartenant aux classes d'âge des 0-4 ans et des 10-14 ans. En ce qui concerne l'âge au décès des adultes, 54,2 % sont de jeunes adultes, 20 % sont des adultes matures et 20% s'insèrent au sein dans la classe d'âge des adultes mature-âgé. De nombreuses lésions traumatiques furent relevées aussi bien sur le crâne des individus que sur le squelette appendiculaire. Au total 32,5 % des squelettes montraient des pathologies traumatiques, 22,5% étaient des individus de sexe masculin (Calvo Galvez *et al.*, 1998).

La gestion funéraire de la fosse traduit un contexte d'urgence où les corps ont été inhumés rapidement et sommairement. Les pièces de monnaies retrouvées au contact direct des squelettes permettent de dater cette sépulture de l'épidémie de peste de 1348. Pour autant les multiples lésions observées sur les squelettes excluent une sépulture de catastrophe de pestiférés. Les données archéologiques associées aux sources historiques ont permis d'envisager plutôt un massacre de civils juifs. Les chroniques de Pedro IV relatent comment durant la peste noire qui sévit à Valencia entre 1348 et 1401 de nombreux juifs furent massacrés, alors que la ville déplorait le décès d'une centaine de pestiférés par jour (Calvo Galvez *et al.*, 1998).

- **LE SITE DE CROW-CREECK (ETATS-UNIS)**

Situé dans le sud du Dakota, le site de Crow-Creeck fut le théâtre d'un massacre de près de 500 villageois en 1350. Les squelettes furent découverts durant l'été 1978, au Nord-Ouest du village, dans un fossé de fortification. Toutes les habitations de ce village ont été brûlées. Le premier niveau de squelettes est apparu à 2,5 mètres de profondeur, sous un dépôt d'argile mis en place pour recouvrir les dépouilles. Les fouilles se sont déroulées d'août à décembre1978 sous la direction de L. Zimmerman et T. Emerson. A la fin du mois de mai 1979, les ossements retournèrent à la Réserve Sioux pour y être réinhumés en août

1981 (Bahn, 1996; Willey *et al.*, 1993; Willey *et al.*, 1997).

Les premières fouilles mirent au jour les restes partiels de 45 individus, décédés de mort violente, mutilés et scalpés. Une couche d'argile scellait les inhumations. Néanmoins, ce sont des restes osseux en position secondaire qui furent découverts dans les premiers niveaux de la sépulture, suggérant une exposition temporaire des corps à la surface. Durant ce laps de temps les cadavres ont été perturbés, les traces laissées par les mâchoires de canidés (chiens, coyotes ou loups) furent relevées sur ces ossements (Willey *et al.*, 1993; Willey *et al.*, 1997). Le dépôt d'argile mis en place pour sceller la sépulture n'est intervenu que dans un second temps. Dans les niveaux inférieurs, ce sont des squelettes en connexion, enchevêtrés dans les positions les plus variées qui furent retrouvés. Les corps ont sans doute été précipités du haut du fossé de fortification.

Le nombre minimum d'individus présents dans ce fossé s'élève à 486 squelettes. La diagnose sexuelle a pu être réalisée sur 181 squelettes ; les hommes représentent 54,7 % de l'effectif contre 45,3 % pour les femmes. La particularité de cet échantillon réside dans l'absence d'individus masculins d'âge avancé, de jeunes femmes et de très jeunes immatures (Willey *et al.*, 1993; Willey *et al.*, 1997).

On estime la population vivante à Crow-Creeck à 831 personnes, 60% de la population du village seraient donc représentés dans cette sépulture. Il est exclu que les carnivores soient responsables de ce biais de recrutement, l'hypothèse d'individus faits prisonniers par les attaquants semble plus probable. L'analyse anthropologique ainsi que les données archéologiques et le matériel associé indiquent que ces villageois ont été tués au cours d'un seul évènement.

Entre 80 et 90% des crânes des sujets sub-adultes et adultes ont été scalpés, 40% présentaient d'autres lésions traumatiques. Les traces de traumatismes relevées au niveau de la mandibule indiquent que les victimes ont eu la langue coupée. Les entailles relevées autour du *foramen magnum* et des vertèbres cervicales montrent que certains furent décapités. Les traces de découpe observées au niveau proximal et distal de 219 humérus et de 440 fémurs et, dans une moindre mesure les os des avant-bras et les tibias, évoquent un démembrement des corps. Certains os longs ont également été mâchés, cassés ou détruits. Ces pratiques sont coutumières des populations aborigènes. Enfin les ossements calcinés d'un squelette furent découverts au sein de la sépulture (Willey *et al.*, 1993; Willey *et al.*, 1997).

Le massacre de ces villageois peut être mis en relation avec la présence à proximité de la culture Ariigara. L'attaque a pu être menée par d'autres tribus mécontentes de la migration de certains peuples sur leurs terres (Anonyme 51, 2004; Bahn, 1996; Willey *et al.*, 1993; Willey *et al.*, 1997).

2. 4. 3. – Le XXe siècle :

- **LE SITE DE TUSKULËNAI (VILNIUS, LITUANIE)**

En 1994 le décret n°216 autorisa des scientifiques à exhumer les corps des victimes exécutées par le Komitiet Gozoudartzvyenoï Biezopasnosti (K.G.B.), à Vilnius, entre l'été 1944 et le printemps 1947, dans le but de retrouver deux personnes emblématiques de l'église catholique et de la résistance anti-soviétique. Sous le régime soviétique, le détail des exécutions et la localisation des fosses avaient été tenus secret. Les investigations conduites en 1994 et en 1995 permirent d'exhumer 706 squelettes. Au cours des travaux de construction en 2003 du mémorial en hommage aux victimes ce sont cinq fosses et 18 squelettes supplémentaires qui furent retrouvés. Au sein des locaux du KGB, ce sont 45 fosses contenant de un à 154 squelettes qui furent découvertes. Ainsi, 32 fosses étaient regroupées à l'intérieur du garage du bâtiment, sous un pavement en pierres. Ces dernières, de forme rectangulaire et de quatre mètres de profondeur,

présentaient des tailles variables, de 85 mètres de long sur 120 mètres de large pour la plus petite, et de 240 mètres de long sur 100 mètres de large pour la plus importante. Elles renfermaient de deux à 18 individus, le nombre n'étant pas proportionnel à la taille des fosses. Huit fosses plus petites furent découvertes ultérieurement à l'extérieur de ce même garage (Jankauskas *et al.*, 2005).

Les individus avaient été déposés régulièrement tête-bêche. La fouille fine de ces sépultures révéla la présence de vestiges vestimentaires (boutons, chaussures, tissus) et d'effets personnels (médaillons, stylos) au contact direct des ossements. L'analyse anthropologique mit en évidence 720 hommes et 4 femmes, âgés entre 19 et 66 ans. La majorité des individus, soit 97 %, présentaient des lésions *peri mortem* au niveau du crâne. Dans 492 cas les lésions furent provoquées par une balle, dans 110 cas par deux balles, dans 31 cas par trois balles, dans 13 cas par quatre balles, dans quatre cas par cinq balles, enfin un seul sujet avait reçu six balles. Dans la majorité des cas la balle fut tirée du côté gauche, dans la zone de l'occipital. Les autres lésions traumatiques furent causées par un objet contondant.

Au total, 45 victimes furent identifiées grâce aux archives du KGB où étaient mentionnés l'âge, le sexe, et la stature de chaque prisonnier. Les antécédents odontologiques et les antécédents médicochirurgicaux étaient également signalés. D'après les rapports d'exécution, les victimes exécutées durant la nuit étaient inhumées immédiatement dans une fosse. Grâce aux archives, la chronologie de ces inhumations a pu être établie. Les personnes exécutées durant la fin de l'automne1944, l'hiver 1945/46 et le début du printemps 1946, ont toutes été inhumées dans le garage, lequel fut démoli par la suite. Les archives du KGB contiennent une lettre précisant les difficultés rencontrées pour inhumer les cadavres durant l'hiver. En revanche les victimes de l'été 1945 ont été inhumées à l'extérieur, il s'agit des huit fosses découvertes en 1995 où les corps avaient été recouverts de produits chimiques et désinfectants. Les dépouilles des exécutions pratiquées au cours de l'été 1946 n'ont, quand à elles, pas encore été retrouvées (Jankauskas *et al.*, 2005).

▪ *LES FOSSES DE LA GUERRE CIVILE D'ESPAGNE 1936-1939*

- LA TRANCHEE DE VALDEDIOS (ASTURIAS)

Les investigations archéologiques furent entreprises sur cette sépulture en mars 2003 afin de retrouver les corps de certains membres du personnel de l'hôpital psychiatrique de Valdedios Enero exécutés le 27 octobre 1937. Selon différents témoignages 26 infirmières et aides soignantes, quatre infirmiers surveillants ainsi qu'une adolescente de 15 ans ; fille d'une infirmière, auraient été abattus par des soldats de l'armée franquiste. La fosse se situait à proximité du monastère de Valdedios réquisitionné en hôpital pendant la Guerre civile, elle était constituée de deux tranchées perpendiculaires qui formaient un L avec une largeur uniforme comprise entre 60 et 70 centimètres.

Ce sont 17 squelettes au total qui furent retrouvés dans cette sépulture, 14 étaient inhumés en décubitus dorsal et deux en décubitus ventral, un seul sujet reposait en décubitus latéral droit. Les cadavres avaient été inhumés habillés avec leurs effets personnels (pièces de monnaies présentes dans les poches des vêtements, pendentifs, boucles d'oreilles, boucles de ceinture, tubes de médicaments, chaussures) ce qui facilita leur identification. La découverte d'insignes au contact direct des squelettes permit notamment d'identifier le personnel soignant de l'hôpital. L'analyse anthropologique a permit de mettre en évidence 11 femmes et six hommes âgés entre 18 et 40 ans. Pour 14 sujets, de multiples fractures causées par une arme à feu furent relevées au niveau du crâne, notamment sur les temporaux. Grâce aux balles et aux douilles retrouvées *in situ* il

fut possible de déterminer le type d'arme, un fusil utilisé habituellement par la VIe Brigade de Navarre (Etxeberria *et al.*, 2003b, a).

- LA FOSSE D'OLMEDILLO DE ROA (BURGOS)

Cette fosse fut fouillée en août 2003, elle se situait sur une parcelle cultivée, sur les limites de la commune d'Olmedillo de Roa et renfermait les victimes de l'exécution qui se déroula le 7 septembre 1936 à Villaviudas. La sépulture mesurait 4,5 mètres de long sur 80 centimètres de large.

Les squelettes de huit hommes, âgés entre 20 et 40 ans, furent retrouvés à une profondeur comprise entre 0,70 et 0,80 mètre. Le remplissage de la fosse s'est effectué du Nord au Sud, hormis un seul sujet en décubitus latéral gauche, les corps ont été déposés dans cinq cas en décubitus ventral et dans deux cas en décubitus dorsal. Tous les squelettes étaient inhumés suivant une orientation Sud-Nord, à l'exception de deux individus. Le premier cadavre inhumé au sein de la fosse suivait une orientation Nord Sud, le troisième fut déposé en travers de la fosse tête à l'Ouest et pieds au Sud. Les impacts de balles présents sur les crânes des individus coïncidaient avec les différents témoignages (Etxeberria *et al.*, 2004a).

- LA FOSSE DE VADOCONDES (BURGOS)

La fouille de cette sépulture s'effectua en octobre 2003. Il s'agissait d'une fosse de trois mètres de long sur un mètre de large. Les squelettes furent retrouvés à une profondeur de 80 centimètres, à l'exception d'un individu en décubitus latéral gauche, tous les corps étaient déposés en décubitus dorsal.

Ces six hommes, tous âgés d'une quarantaine d'années, avaient été inhumés habillés. Leurs crânes présentaient de nombreuses lésions traumatiques provoquées par la trajectoire d'une balle, dans trois cas les humérus droit et gauche des sujets présentaient également des stigmates imputables à une arme à feu (Etxeberria *et al.*, 2004b).

CATHERINE RIGEADE

- LA FOSSE DU CIMETIERE DE BENEGILES (ZAMORA)

Une fouille fut engagée en juillet 2004 pour retrouver les dépouilles de trois personnes exécutées le 14 octobre 1936 et inhumés dans une même sépulture, le lendemain, dans le cimetière municipal de Santo Tomás. La fosse mesurait deux mètres de long pour 70 centimètres de large.

Les squelettes de trois hommes d'une quarantaine d'années furent découverts tête-bêche en décubitus dorsal, orientés Ouest-Est pour le premier inhumé et Est-Ouest pour les corps suivants. Les traumatismes relevés sur les crânes des sujets furent provoqués par une arme à feu. Par ailleurs une balle fut découverte *in situ* au niveau du grill costal droit du premier corps déposé au sein de la fosse (Etxeberria *et al.*, 2004c).

- LA FOSSE DE COVARRUBIAS (BURGOS)

La fosse se situait entre les localités de Covarrubias et d'Hortigüela, près de la route BU-905, à proximité de la rivière Arlanza. Cette sépulture fut fouillée en juillet 2004, elle présentait une forme circulaire de 3,30 mètres de diamètre et renfermait huit squelettes. Ces derniers reposaient en décubitus ventral (4 individus) ou dorsal (3 individus), à l'exception d'un corps déposé en décubitus latéral droit.

Les corps semblent avoir été jetés sans le moindre soin. La présence importante de mobilier associé (monnaies, chaussures, boucles de ceintures, boutons et agrafes métalliques) indiquent que les défunts étaient habillés, et qu'ils n'ont pas été dépouillés de leurs effets personnels. Il s'agit d'individus de sexe masculins âgés entre 25 et 40 ans. L'analyse paléopathologique a mis en évidence des traumatismes crâniens causés par la trajectoire d'une balle. Deux individus présentaient également des traces d'impacts de balle au niveau du squelette appendiculaire, respectivement à la scapula gauche et à l'humérus droit (Etxeberria *et al.*, 2005c).

- LA FOSSE DE TALLEDO (CANTABRIA)

Cette fosse fut mise e place en 1937, contre le mur du cimetière de Talledo. Les investigations archéologiques débutèrent le 1er septembre 2004 et mirent au jour les restes de deux squelettes inhumés en décubitus dorsal suivant une orientation Est-Ouest.

L'étude anthropologique des restes a mis en évidence la présence de deux hommes d'une vingtaine d'années dont les crânes montraient de nombreux traumatismes causés par une arme à feu. Les projectiles furent retrouvés *in situ* ainsi que des éléments de vêtement et quelques effets personnels des défunts (Etxeberria, 2005).

- LA FOSSE DE ZABALE (MUTRIKU)

Une opération archéologique fut conduite le 11 septembre 2004 pour fouiller cette sépulture qui se situait dans un pré, à proximité immédiate du hameau de Zabale où l'on déplora une personne fusillée par les troupes franquistes en septembre 1936.

Des blocs de pierres avaient été volontairement posés au-dessus de l'inhumation. Celle-ci renfermait les restes d'un jeune adulte de sexe masculin, inhumé habillé avec tous ses effets personnels et déposé en décubitus dorsal. Plusieurs lésions traumatiques provoquées par une arme à feu permirent d'établir les circonstances du décès (Etxeberria, 2004b).

- LA TRANCHEE DE BERLANGAS DE ROA (BURGOS)

Cette sépulture fut fouillée en octobre 2004, elle se situait sur une parcelle cultivée, à proximité de la route de Berlangas de Roa et de Aranda de Duero. La tranchée de 5,60 mètres de long sur 50 centimètres de large était orientée Est-Ouest et les corps avaient tous été déposés en décubitus dorsal suivant la même direction.

70

Le remplissage de la sépulture s'est donc effectué d'Est en Ouest, chaque sujet reposant entre les jambes du précédent. A l'inverse des fosses décrites précédemment les cadavres semblent avoir été disposés soigneusement au sein de la tranchée. Parmi les cinq sujets exhumés, on identifia le corps d'un adolescent de moins de 16 ans, d'un jeune adulte âgé entre 18 et 20 ans et de trois adultes âgés entre 25 et 30 ans. Les lésions traumatiques relevées au niveau du squelette crânien révélèrent qu'une balle avait systématiquement été tirée dans la bouche des victimes (Etxeberria *et al.*, 2005a).

- LA FOSSE DE BARRANCO DE VALLADAR

Cette sépulture située dans la localité de Vadocondes fut découverte et fouillée en 2005. Les restes osseux furent découverts à une profondeur de 75 centimètres, au sein d'une fosse rectangulaire de trois mètres de long sur moins d'un mètre de large. A l'exception d'un seul sujet tous les squelettes étaient en décubitus dorsal.

Au total ce sont cinq individus de sexe masculins qui furent exhumés dont quatre jeunes matures et un adulte d'une cinquantaine d'années. A l'exception du premier corps déposé dans la fosse, tous les crânes présentaient des lésions traumatiques causées par une arme à feu.

D'autres traces d'impact de balles furent également observées au niveau du squelette appendiculaire. Les deux balles de 7 mm et les trois douilles retrouvées *in situ* étaient fabriquées à Toledo entre 1935 et 1936 (Etxeberria *et al.*, 2006)

- LA FOSSE DE FUSTIÑANA (NAVARRA)

Une opération archéologique conduite en octobre 2005 sur la commune de Fustiňa, révéla la présence d'une sépulture multiple mise en place après les exécutions du 20 novembre 1936 dans ce secteur, sur une parcelle cultivée au Nord de la ville. La fosse présentait une forme rectangulaire d'une longueur de 2,60 mètres de long pour 1,20 mètre de large. Les restes osseux de sept individus furent découverts, tête-bêche, suivant les orientations Nord-Sud ou Sud-Nord, à une profondeur de 50 centimètres.

Les attitudes des membres inférieurs et supérieurs, suggèrent que les cadavres ont été jetés sommairement. Parmi ces sept individus, tous de sexe masculin, quatre avaient plus de 50 ans, deux sujets étaient âgés d'une trentaine d'années. Enfin pour un seul individu l'âge au décès se situait entre 35 et 45 ans. Tous les squelettes présentaient des lésions traumatiques similaires au niveau de l'occipital, ce qui suggère une exécution méthodique par arme à feu (Etxeberria *et al.*, 2005b).

CHAPITRE 4 : RESULTATS

1. – LES CRITERES VARIABLES DES SEPULTURES DE CATASTROPHE

Les 39 sites que nous venons de présenter dans les pages qui précèdent constituent notre *corpus* de référence. Par les faits de terrain, archéologiques ou contemporains, qu'il nous donne à voir, ce corpus va nous permettre de montrer les caractères récurrents ou originaux, que l'on peut rencontrer à la lecture des sépultures de catastrophe.

1. 1. – L'emplacement

1. 1. 1. – Les sépultures de catastrophe de peste

Sur un plan topographique, les sépultures de catastrophe se retrouvent aussi bien au cœur des villes qu'à la périphérie de celles-ci. Dans notre *corpus*, certaines sépultures sont établies au sein de cimetières paroissiaux, déjà utilisés précédemment et quotidiennement pour l'inhumation des habitants. Cette pratique est constatée dans deux cas liés à la même épidémie de peste, celle de la seconde moitié du XIVe siècle. Ainsi, malgré le risque de contagion, on inhume les pestiférés de 1348 à Montpellier dans le cimetière Saints-Côme et Damien et à Dreux dans le cimetière Saint-Pierre.

Outre le cimetière paroissial, ces inhumations se rencontrent plus fréquemment encore à proximité des bâtiments appartenant à une communauté religieuse qui prend en charge les malades en temps d'épidémie. C'est le cas dans le centre d'une agglomération telle que Marseille, ou en périphérie urbaine comme à Martigues. Ces communautés appartiennent à l'ordre des Franciscains et proviennent toutes de la branche des Frères Mineurs de l'Observance, eux-mêmes divisés en plusieurs branches : les Cordeliers fondés en 1230, les Récollets qui apparaissent au XVe siècle et les Capucins qui voient le jour en 1619.

Il convient donc de rappeler ici que les pestiférés de Sens ne peuvent pas avoir été pris en charge par des Cordeliers durant la peste de Justinien, puisque la fondation du premier couvent des Cordeliers date du milieu du XIIIe siècle. Il nous faut donc considérer la présence des pestiférés à Sens comme une coïncidence, le couvent et l'église ne pouvant s'être établis que plusieurs siècles après la mise en place des sépultures.

A Londres, l'abbaye cistercienne Sainte Mary Grace fut fondée par Edward III en 1350, dès la fin de l'épidémie, à proximité des sépultures de pestiférés.

En dehors des couvents, des infirmeries ou des structures hospitalières sont établies spécifiquement pour isoler les pestiférés, en marges des villes ou des communautés villageoises. Des terrains sont également réquisitionnés et rapidement consacrés pour inhumer les victimes. Il n'est pas surprenant de faire ce constat à Venise qui fut la seconde ville portuaire à mettre en place ce système de quarantaine. Les cimetières des Fédons et de Lariey, quant à eux, offrent de précieux témoignages sur les réponses adaptatives à l'état de contagion dans les petites communautés aux XVIe et au XVIIe siècles, touchées par la peste.

Il convient également de noter, mais l'on en sera pas surpris, qu'en dehors des épidémies de peste, des sépultures de catastrophe ont été mises en place à proximité de ces mêmes communautés, pour d'autres crises épidémiques, comme l'attestent par exemple les inhumations découvertes à Issoudun.

1. 1. 2. – Les sépultures de catastrophe d'origine militaire

Les sépultures de catastrophe en relation avec des épisodes belliqueux sont retrouvées, sans surprise et majoritairement, à proximité des champs de bataille, que ce soit au XIVe (Wisby), au XVe (Towton), au XVIIIe (Fort William Henry) et au XIXe siècles au cours de la Première Guerre mondiale (Saint-Rémy-La- Calonne, Arras, Monchy-Le-Preux, Gavrelle, Thélus).

Mais des espaces funéraires sont également agencés près des infirmeries établies en retrait des zones où se sont déroulés les combats. Si la présence d'un établissement hospitalier n'est que supposée pour le site de la rue Martin du Nord à Douai, ces dispositions semblent être l'apanage des XVIIIe-XIXe siècles. On les retrouve en 1812 en Espagne (le cimetière de Santa-Clara) ou aux Etats-Unis (le cimetière de Snake Hill). Il convient de rappeler que même si elles font figure d'exception, puisque les victimes ne sont pas décédées au cours d'un combat, les fosses de Kaliningrad ont été mises en place en 1812, près d'une structure hospitalière accueillant à la fois des soldats et des civils. Enfin, les inhumations britanniques de Monchy-Le-Preux attestent la présence d'un hôpital de fortune en arrière du front lors du premier conflit mondial.

1. 1. 3 – Les sépultures de catastrophe en relation avec un massacre de population

A l'exception de la sépulture multiple de Benegiles mise en place au sein du cimetière paroissial de Santo Tomás en 1936, toutes les sépultures en relation avec un massacre de population semblent s'être établies sur le lieu même de l'exécution des victimes quelque soit le contexte et la période chronologique envisagée.

1. 2. – Le mode d'inhumation

1. 2. 1. – Les sépultures de catastrophe de peste

Les sépultures de pestiférés sont majoritairement des fosses en pleine terre, de forme rectangulaire, de petites ou de grandes dimensions. A Vienne (Isère, France), la fosse fut mise en place contre les assises d'un temple romain, à Sens en revanche les contraintes inhérentes à la fouille n'ont pas permis de délimiter précisément les limites des sépultures.

Parfois la fosse en pleine terre revêt l'aspect d'une tranchée de plusieurs mètres de longueur. Toutefois il convient d'évoquer le cas particulier du Royal Mint. D'après les données archéologiques, les tranchées ont été, comme pour les sites du XVIIe (la fosse 65 du Lazaretto Vecchio de Venise) et du XVIIIe siècle (les sites du Délos et des Capucins de Ferrières à Martigues) creusées préalablement.

Dans tous les cas il s'agit de dépôts primaires. Si l'inhumation sommaire, au sein d'une fosse (ou d'une tranchée) en pleine terre prédomine, on ne peut ignorer les inhumations en cercueil et/ou en linceul retrouvées sur le site du Royal Mint ainsi que la présence de linceuls aux Fédons, dans la fosse de l'Observance et dans la tranchée III des Capucins de Ferrières. Toutefois l'usage du linceul ne concerne qu'un nombre restreint d'inhumations et de même, peu d'épingles ont été retrouvées.

Des dépôts intentionnels recouvraient parfois les cadavres de pestiférés. A Sens, la seconde fosse était recouverte de dalles d'hypocaustes, et de mortier. A Venise, une épaisse couche d'argile scelle les fosses, probablement pour séparer les inhumations des épidémies successives entre elles et empêcher le reflux de l'eau de la lagune. Dans le cimetière de Lariey, ce sont des blocs de pierre qui ont été entreposés sur les inhumations probablement pour éviter que les cadavres ne subissent les attaques des animaux charognards. Enfin la présence de chaux au contact direct des squelettes concerne majoritairement les sépultures datées du XVIIIe siècle ; que celles-ci soient multiples sur les sites provençaux ou individuelles sur le site vénitien. A notre connaissance, un seul exemple d'utilisation de chaux, antérieur à l'épidémie provençale de 1720-1722 est à ce jour connu. Il s'agit de la découverte de quatre sépultures accrochées lors de travaux de terrassement à Draguignan et contemporaines de l'épidémie de 1649-1650 (Signoli *et al.*, 2001).

1. 2. 2. – Les sépultures de catastrophe d'origine militaire

Dans ce contexte encore, nous retrouvons majoritairement des fosses en pleine terre de forme rectangulaire mais de tailles variables depuis le Moyen Age jusqu'à la Première Guerre mondiale. Quelques originalités ont toutefois pu être objectivées, par exemple la mise en place d'une fosse circulaire à Kaliningrad (fosse C), ainsi que pour trois sites contemporains de la guerre de 1914-1918 où les soldats ont été inhumés au sein de trous d'obus. Dans un seul cas, à Vilnius, les corps ont été inhumés dans une tranchée. Il s'agit d'une tranchée de fortification creusée par les soldats de la Grande Armée en juin-juillet 1812 qui a été réutilisée durant l'hiver 1812-1813 pour inhumer les cadavres.

Pour l'ensemble de ces sépultures de catastrophe, il s'agit de dépôts primaires au sein d'une fosse (ou d'une tranchée) en pleine terre, mais il nous faut toutefois rappeler les inhumations en cercueil retrouvées dans le cimetière de Snake Hill, et au fond des fosses de Kaliningrad. Les inhumations en linceul ne peuvent être évoquées que sur les sites de Douai, ou de Snake Hill. A défaut de linceul, il est intéressant de constater la persistance de tels gestes durant la Première Guerre mondiale ; l'enveloppement des corps des soldats allemands a pu être mis en évidence à Gavrelle, et on n'exclut pas l'utilisation de couvertures posées sur les cadavres des soldats britanniques à Arras. Par contre l'absence totale de chaux indique qu'aucune mesure prophylactique n'a été prise pour assainir les zones de combats ou sceller les inhumations de combattants.

1. 2. 3. – Les sépultures de catastrophe en relation avec un massacre de population

Dans ce contexte la fosse rectangulaire est également la plus fréquemment retenue, indépendamment de la période considérée. Une seule fosse de forme circulaire est mise en place durant la guerre civile d'Espagne, à Covarrubias. La sépulture de catastrophe apparaît sous la forme d'une tranchée dans trois cas. Ainsi sur le site de Crow-Creek, on réutilise une tranchée de fortification pour inhumer les villageois massacrés. En Espagne, à Valdedios et à Berlangas, des tranchées longues de plusieurs mètres sont creusées pour l'inhumation des victimes (la plus longue atteignant huit mètres), mais toujours de largeurs très étroites (entre 50 et 70 centimètres).

Mise à part les dépôts secondaires découverts dans les premiers niveaux d'inhumation de Crow-Creek, tous les dépôts retrouvés sont primaires et prennent place dans des fosses creusées en pleine terre.

Dans trois cas, nous pouvons constater une volonté de la part des fossoyeurs de sceller en quelque sorte la sépulture, en usant de moyens divers et opportunistes. A Crow-Creek c'est une couche d'argile qui fut utilisée alors que l'on a recouvert de blocs de pierre la sépulture individuelle de Zabale, en 1936. Enfin à Tuskulėnai les inhumations mises en place à l'extérieur du bâtiment ont été aspergées de produits désinfectants. Dans ce dernier cas l'utilisation de produits chimiques traduit davantage une mesure d'hygiène qu'une volonté de sceller les inhumations.

1. 3. – Présence ou absence de sépultures individuelles

1. 3. 1. – Les sépultures de catastrophe de peste

Sur 11 sites en relation avec une épidémie de peste, cinq d'entre eux comportent, en plus des sépultures multiples, des sépultures individuelles. En effet, l'on constate la présence d'inhumations individuelles pour l'épidémie du XIVe siècle au sein des tranchées du Royal Mint à Londres. Pour la même période, sur les 23 inhumations retrouvées dans le cimetière Saint-Pierre à Dreux, on dénombre 14 sépultures individuelles.

En ce qui concerne les épidémies du XVIe siècle, si la tombe individuelle est le mode d'inhumation le plus utilisé au cimetière des Fédons, où elle représente près de 74 % des inhumations, celle-ci est absente au sein des ensembles funéraires du Lazzaretto Vecchio de Venise. Le même constat peut être fait pour l'épidémie de 1630 où on retrouve 10 sépultures individuelles (pour un total de 34 inhumations) au sein du cimetière de Lariey mais aucune au Lazaretto Vecchio, alors que des dizaines de tombes individuelles seront mises en place au XVIIIe siècle.

1. 3. 2. – Les sépultures de catastrophe d'origine militaire

En ce qui concerne les sépultures de catastrophe d'origine militaire peu de sites comportent des inhumations individuelles, ces dernières sont mêmes absentes pour la période médiévale. On les retrouve cependant, mais de façon inégale, sur les sites constitués à la suite de guerres de siège au XVIIIe et au XIXe siècles. On ne dénombre que quatre sépultures individuelles sur le site de la rue Martin-du-Nord, pourtant ce sont majoritairement des inhumations individuelles qui constituent le cimetière de Snake Hill. Quelles que soient les circonstances, aucune sépulture individuelle n'a été mise en place pour les soldats de

Napoléon Ier. Ces derniers ont été inhumés collectivement dans des fosses comme à Vilnius, à Kaliningrad, ou encore à Santa Clara. Enfin malgré la règlementation en vigueur, seulement quatre sépultures individuelles ont été retrouvées sur le front de la Première Guerre mondiale à Arras. Il convient toutefois de noter pour ce dernier contexte chronologique, que nos résultats sont sans doute biaisés. Si la découverte d'une inhumation multiple fait échos dans la presse locale, ou même nationale, en revanche l'exhumation de sépultures individuelles reste souvent plus confidentielle.

1. 3. 3. – Les sépultures de catastrophe en relation avec un massacre de population

Seuls les sites contemporains du XXe siècle sont concernés. Sur dix ensembles funéraires mis en place durant la guerre civile d'Espagne, nous retiendrons la découverte d'une seule inhumation individuelle, à Zabale. Il convient de se rappeler que les exécutions menées par les troupes franquistes s'effectuaient généralement de façon massive, et visaient généralement des groupes d'individus. Dans le cas des inhumations de Tuskulenaï, où quelques sépultures individuelles furent également mises au jour, chaque fosse correspond à l'exécution journalière de prisonniers.

1. 4. – Les sépultures multiples : le nombre d'individus

1. 4. 1. – Les sépultures de catastrophe de peste

Tous les sites en relation avec des épidémies de peste comportent des sépultures multiples mais le nombre d'individus inhumés varie considérablement d'un site à un autre.

Les sépultures multiples mises en place durant l'épidémie de peste de Justinien renfermaient entre 10 et 28 corps.

Pour les épidémies du XIVe siècle, nous avons pu retrouver des écarts considérables sur le plan quantitatif : les tranchées du Royal Mint renfermaient des centaines de corps, alors que l'on retrouve des sépultures doubles ou triples sur les sites français contemporains, et seulement une dizaine de corps en moyenne pour les fosses du Lazzaretto Vecchio.

De même les sépultures du Lazzaretto Vecchio contemporaines des épidémies du XVIe siècle renfermaient des effectifs importants (entre 33 et 55 cadavres) alors que le cimetière des Fédons se composait de sépultures doubles, triples ou quadruples.

Le même déséquilibre s'observe pour les sites contemporains de l'épidémie de 1630. Les sépultures multiples du cimetière de Lariey regroupaient deux à trois individus en moyenne (un seul apport dépasse ce chiffre). A l'inverse les sépultures du Lazaretto Vecchio comprenaient au minimum une trentaine de cadavres.

Pour les sites datés du XVIIIe siècles, les tranchées retrouvées à Martigues contenaient entre cinq et 23 corps au Délos et entre 25 et 97 cadavres aux Capucins de Ferrières. Cette répartition doit toutefois être considérée avec prudence car aucune de ces tranchées n'a pu être délimitée et fouillée dans son intégralité. Nous signalerons avec la même réserve que tous les corps avaient été déposés dans une seule et même fosse sur le site de l'Observance mais faisaient l'objet de regroupement quantitativement variable selon le locus de découverte.

1. 4. 2. – *Les sépultures de catastrophe d'origine militaire*

A la suite des batailles médiévales les corps des soldats ont été inhumés par centaines à Wisby au sein de plusieurs grandes fosses, alors que la fosse de Towton ne regroupait que 38 squelettes. Cette inégalité peut être imputée, d'une part à l'existence presque certaine d'autres fosses à Towton, d'autre part à l'inhumation conjointe des victimes des deux camps à Wisby.

Sur 14 sites, cinq présentaient une ou plusieurs sépultures doubles et trois comportaient une ou plusieurs sépultures triples. Pour huit ensembles funéraires de notre *corpus*, les corps sont répartis dans des sépultures multiples où les effectifs varient entre quatre et une trentaine d'individus. Enfin la plus grande concentration d'individus au sein d'une seule et même sépulture a été retrouvée à Vilnius.

1. 4. 3. – *Les sépultures de catastrophe en relation avec un massacre de population*

Tous les sujets massacrés sont regroupés au sein d'une seule et même sépulture multiple pour les périodes antiques et médiévales. Les effectifs retrouvés sont très inégaux : seulement une dizaine d'individus à Arras, une quarantaine à Valencia et près de 500 à Crow-Creek. Pour le XXe siècle les individus sont répartis dans plusieurs fosses, mais les sépultures doubles et triples sont peu fréquentes. Les fosses de la guerre civile d'Espagne regroupent de cinq à 17 individus alors que les sépultures de Tuskulénaï peuvent contenir jusqu'à 154 corps.

1. 5. – L'orientation des corps

1. 5. 1. – *Les sépultures de catastrophe de peste*

Sur six sites l'orientation traditionnelle Ouest-Est ou Est-Ouest a été maintenue. A Venise cela concerne deux fosses contemporaines des épidémies du XIVe siècle, et une fosse et deux tranchées datées de 1630. Il est intéressant de noter que, sans considérer les sépultures du Lazaretto Vecchio, les inhumations sont exclusivement orientées sur les trois autres sites (le site de Royal Mint, le cimetière Saints-Côme et Damien, le Clos des Cordeliers) mis en place au XIVe siècle. Durant la peste de Justinien les corps ont aussi été déposés suivant des orientations Est-Ouest ou Ouest-Est mais uniquement sur le site de la place Camille Jouffray à Vienne. Au XVIe siècle, seuls les corps retrouvés au sein du cimetière des Fédons à Lambesc suivent une orientation Est-Ouest, les individus inhumés pour la même période à Venise suivent des orientations variables.

Dans trois cas de figure nous retrouvons exclusivement des orientations Nord-Sud ou Sud-Nord. Cela concerne les inhumations du cimetière de Lariey et deux fosses du Lazaretto Vecchio, l'une contemporaine de l'épidémie de 1348, l'autre de celle de 1579.

Pour cinq sites de peste toutes les orientations étaient représentées ; parmi eux figurent le site du Clos des Cordeliers en relation avec la peste de Justinien et les trois sites provençaux datés du XVIIIe siècle. A Venise cela concerne les sépultures contemporaines des XIVe et XVe siècles.

À Issoudun où l'origine de la crise démographique n'a pas encore été identifiée, les corps étaient eux aussi rigoureusement disposés Est-Ouest et Ouest-Est.

1. 5. 2. – Les sépultures de catastrophe d'origine militaire

Les orientations Est-Ouest/Ouest-Est sont respectées sur cinq sites et, hormis les inhumations de Snake Hill, cela ne concerne que les sépultures antérieures au XVIIIe siècle. Toutefois il convient de signaler que cela ne s'applique que pour les fosses III et IV à Wisby. On retrouve toutes les orientations au sein des fosses I et II de Wisby, ainsi que sur les trois sites d'inhumations de soldats de Napoléon Ier.

Pour les inhumations de la Première Guerre mondiale, il semblerait qu'aucune attention particulière n'ait été accordée à l'orientation des corps puisque celles-ci ne sont que très rarement signalées dans les publications ou indiquées sur les clichés de fouilles. Toutefois ce sont les orientations Nord-Sud ou Sud-Nord qui ont été utilisées pour les

inhumations de la Zac Actiparc d'Arras et de Gavrelle. A Monchy-Le-Preux seuls les corps d'un allemand et d'un britannique retrouvés au sein d'un obus étaient orientés Ouest-Est/ Est-Ouest alors que toutes les autres inhumations de soldats britanniques avaient été établies face à la ligne ennemie, suivant des directions Sud-Ouest/Nord-Est.

1. 5. 3. – Les sépultures de catastrophe en relation avec un massacre de population

Les défunts ont été inhumés suivant les orientations Ouest-Est ou Est-Ouest sur le site d'Arras et dans trois des dix fosses mises en place durant la guerre civile d'Espagne. En revanche pour deux de ces dix sépultures, on ne remarque aucune orientation préférentielle comme pour les deux sites médiévaux. Par contre pour deux fosses espagnoles (Fustiñana, Olmedillo de Roa) les corps suivaient des orientations Sud-Nord ou Nord-Sud. Cette étude demeure incomplète car nous ignorons l'orientation des corps retrouvés sur trois sites espagnols (Vadocondes, Zabale, et Barranco de Valladar) ainsi que celle des individus découverts sur le site de Tuskulénaï en Lituanie.

1. 6. – La position des corps

1. 6. 1. – Les sépultures de catastrophe de peste

Les corps inhumés durant l'épidémie de peste de Justinien sont tous en décubitus dorsal au sein de la fosse de la place Camille Jouffray. Au contraire, les inhumations du Clos des Cordelier offrent une grande diversité dans la position des individus.

Pour les épidémies du XIVe siècle tous les corps ont été inhumés en décubitus dorsal ; il en est de même pour toutes les inhumations contemporaines des épidémies de peste du XVIe siècle.

En revanche pour les fosses du Lazzaretto Vecchio datées du XVe siècle, on note la présence de quelques individus, en général les derniers sujets inhumés, le long des parois des fosses, en décubitus latéral.

Durant l'épidémie de peste de 1630, les cadavres ont tous été disposés en décubitus dorsal à Venise. Si cette position semble avoir été privilégiée au sein du cimetière de Lariey pour la même période, certains corps ont toutefois été retrouvés en décubitus latéral (deux cas) et un très jeune immature en décubitus ventral.

Au sein des inhumations du XVIIIe siècle, même si la position en décubitus dorsal semble la plus fréquente, beaucoup de corps sont en décubitus ventral et dans une moindre mesure certains sont en décubitus latéral.

Le site d'Issoudun présente une originalité dans la position des individus ; ces derniers ont été retrouvés majoritairement en décubitus dorsal avec, comme à Venise, quelques corps en décubitus latéral contre les parois des fosses. Les tombes individuelles, quant à elles, renfermaient des individus en décubitus ventral.

1. 6. 2. – Les sépultures de catastrophe d'origine militaire

Les soldats ont été inhumés indifféremment en décubitus dorsal, ventral ou latéral sur trois sites : au sein des fosses I et II de Wisby pour la période médiévale et au sein des fosses de Siaures Miestelis et du couvent de Santa Clara pour le XIXe siècle.

Sur les sites de Towton, de Douai et de Kaliningrad, les corps apparaissent plus fréquemment en décubitus dorsal et en décubitus ventral avec très rarement des sujets inhumés en décubitus latéral.

Sur huit autres sites, dont cinq sont contemporains de la Première Guerre mondiale, seule la position en décubitus dorsal est représentée.

1. 6. 3. – Les sépultures de catastrophe en relation avec un massacre de population

On retrouve des sujets inhumés dans toutes les positions que ce soit aux Ve-VIe siècles à Arras, au XIVe siècle au sein des inhumations de Valencia ou de Crow-Creek, ou au XXe siècle dans les fosses du site de Tuskulenaï à Vilnius.

Pour les inhumations contemporaines de la guerre civile d'Espagne : sur quatre sites les victimes ont toutes été déposées en décubitus dorsal. Sur les six autres sites les individus étaient inhumés en décubitus dorsal et en décubitus ventral et pour trois d'entre eux on note la présence d'un seul sujet en décubitus latéral.

1. 7. – Le mode de remplissage

1. 7. 1. – Les sépultures de catastrophe de peste

On observe deux modes de remplissage : soit les corps ont été déposés, soit les corps ont été jetés au sein des sépultures.

Six sites sont concernés par le premier mode de remplissage mais s'il ne fait aucun doute que les fossoyeurs sont descendus au sein même de la fosse ou de la tranchée pour déposer soigneusement les corps, on observe un certain nombre de nuances.

Sur quatre de ces sites les corps n'ont pas été superposés, ils ont été disposés les uns à côté des autres que ce soit au sein d'une tranchée (le Royal Mint) ou d'une fosse (les cimetières de Saints-Côme et Damien, des Fédons et de Lariey).

Au contraire dans trois autre cas les cadavres se superposent au sein de la sépulture. A Dreux, les sujets sont "empilés" les uns sur les autres, alors qu'à Vienne et à Venise on dispose les corps tête-bêche. Mais les modes de remplissage au Lazzaretto Vecchio ne sont pas uniformes, même si ces derniers semblent récurrents d'un premier abord, il convient d'apporter quelques nuances qu'objectivent les faits archéologiques. En effet, on retrouve des dépôts tête-bêche similaires au sein des fosses datées du XIVe siècle (fosses 21, 24, et 26), comme au sein des fosses et des tranchées contemporaines de l'épidémie de 1630 (fosse 19, tranchées 64 et 65). Toutefois pour les sépultures mises en place durant les épidémies de 1475 (fosses 1, 2, 3) et de 1575 (fosses 6 et 35) les premiers corps sont effectivement disposés régulièrement tête-bêche, mais une fois que la capacité maximale de la sépulture a été atteinte, les fossoyeurs ont fait glisser certains corps le long des bordures des fosses, puis les tous derniers défunts ont été jetés au centre de celles-ci. La fosse 10 mise en place durant l'épidémie de 1550 fait, quant à elle, figure d'exception. Les premiers sujets ont été déposés tête-bêche, mais dans les derniers niveaux de remplissage les cadavres ont simplement été disposés les uns à côtés des autres.

Enfin, pour quatre sites, les corps ont été jetés sommairement au sein des fosses ou des tranchées. Il s'agit du site de Sens, contemporain du XIVe siècle, et des trois sites mis en oeuvre à Marseille et à Martigues au XVIIIe siècle. Pour ces derniers, là encore, certaines précisions doivent nuancer les caractéres généraux. Contrairement à Venise où l'on observe une organisation assez méthodique afin de rentabiliser l'espace sépulcral, à Marseille la fosse de l'Observance est inégalement remplie. Les premiers cadavres ont été déposés à partir du bord Est de la fosse et dans un second temps ils ont été placés çà et là, au sein de la fosse mais en veillant à ce qu'ils ne se superposent pas. A Martigues, on observe également des modes de remplissage différents entre les tranchées. Des déversements successifs de tombereaux ont pu être mis en évidence pour les tranchées I et II du Délos, et pour les tranchées I et II du couvent des Capucins de Ferrières. Dans la tranchée III du Délos et dans la partie Est de la tranchée IV du couvent des Capucins de Ferrières les corps ont été disposés sur une première rangée les uns à côté des autres, puis une seconde

rangée d'individus est venue se superposer comme pour les inhumations découvertes à Dreux. Enfin dans la tranchée III et dans le reste de la tranchée IV des Capucins de Ferrières les corps ont été jetés sommairement.

1. 7. 2. – *Les sépultures de catastrophe d'origine militaire*

Comme pour les sépultures de catastrophe de peste, les modes de remplissage diffèrent d'un site à un autre. Le plus souvent, soit sur douze sites, les cadavres ont été déposés au sein des fosses. Sur trois sites les corps ont été simplement jetés.

On retrouve des individus disposés tête-bêche pour le XVe siècle à Towton, sur les deux sites contemporains du XVIIIe siècle (rue Martin-Du-Nord et Fort William Henry), au sein des inhumations datées de 1812 de Tolosa et de Kaliningrad et sur deux sites contemporains de la Première Guerre mondiale (l'inhumation de soldats allemands à Gavrelle et celle de soldats français à Saint-Rémy-La-Calonne). Il convient toutefois de signaler que pour les sites de Towton et de Kaliningrad si les premiers inhumés ont été disposés régulièrement tête-bêche, en revanche les derniers corps ont été jetés soit au centre de la fosse, soit près des rebords de celle-ci. A Thélus les deux corps ont été superposés mais ne sont pas tête-bêche.

Sur quatre sites les corps n'ont pas été superposés mais ont été disposés les uns à côté des autres. Ce mode de remplissage se retrouve pour la période médiévale dans les fosses III et IV de Wisby, en 1812 au cimetière de Snake Hill et durant la Première Guerre mondiale en ce qui concerne les inhumations de soldats britanniques à Monchy-Le-Preux, et à Arras dans la Zac Actiparc.

On retrouve des cadavres jetés sommairement sur quatre sites. Mas si un grand nombre de corps ont été jetés pêle-mêle au sein des fosses I et II de Wisby et de la tranchée de Siaures Miestelis, se sont seulement deux cadavres qui semblent avoir été précipité pendant la guerre de 1914-1918 dans des trous d'obus à Villers-Bretonneux et à Monchy-Le-Preux.

1. 7. 3. – *Les sépultures de catastrophe en relation avec un massacre de population*

Au sein des trois sépultures de catastrophe en relation avec un massacre de population, antérieures au XXe siècle, les individus ont été jetés pêle-mêle. C'est également le cas pour deux sites contemporains de la guerre civile d'Espagne au sein de la fosse circulaire de Covarrubias et de façon moins évidente à Olmedillo de Roa.

Toutes les victimes des exécutions du K.G.B. ont été déposées tête-bêche. Le même mode de remplissage est également constaté sur cinq sites d'inhumations en Espagne. Par contre, à Talledo les deux corps ont été déposés l'un à côté de l'autre au sein d'une fosse. A Berlangas enfin les cadavres ont été déposés régulièrement et soigneusement les uns sur les autres.

1. 8. - La place des sujets immatures

En l'absence de sujets immatures au sein des sépultures de catastrophe en relation avec un massacre de population et celles d'origine militaire, nous n'aborderons ici que les ensembles funéraires mis en place dans un contexte épidémique.

Dans le cas de figure où la sépulture présente plusieurs dépôts d'individus, nous avons constaté que les sujets immatures se retrouvent majoritairement dans les derniers niveaux d'inhumation, parfois même uniquement dans l'ultime dépôt. Ces derniers sont déposés, soit dans les espaces restants, soit contre les bords de fosses ; ils sont situés en général soit entre deux sujets adultes, soit directement sur ces derniers. Cela concerne trois sites de notre *corpus* : toutes les sépultures du Lazzaretto Vecchio du XIVe au XVIIe siècles (Figure 31), les inhumations du Cimetière Saint-Pierre contemporaines de l'épidémie du XIVe et celles du cimetière de Lariey (Figure 32) mises en place en 1630. Le même constat peut être fait pour les sujets immatures retrouvés en grand nombre au sein des fosses d'Issoudun.

Sur le site du Royal Mint et sur le cimetière des Fédons, où l'inhumation en tombe individuelle ou double prédomine, on constate fréquemment l'association d'un sujet immature et d'un adulte au sein de la même sépulture. A Londres, une aire semble même avoir été consacrée à l'inhumation de ces petites victimes.

Figure 31: Cliché de détail de la fosse 35 du Lazzaretto Vecchio (Cliché C. Rigeade)

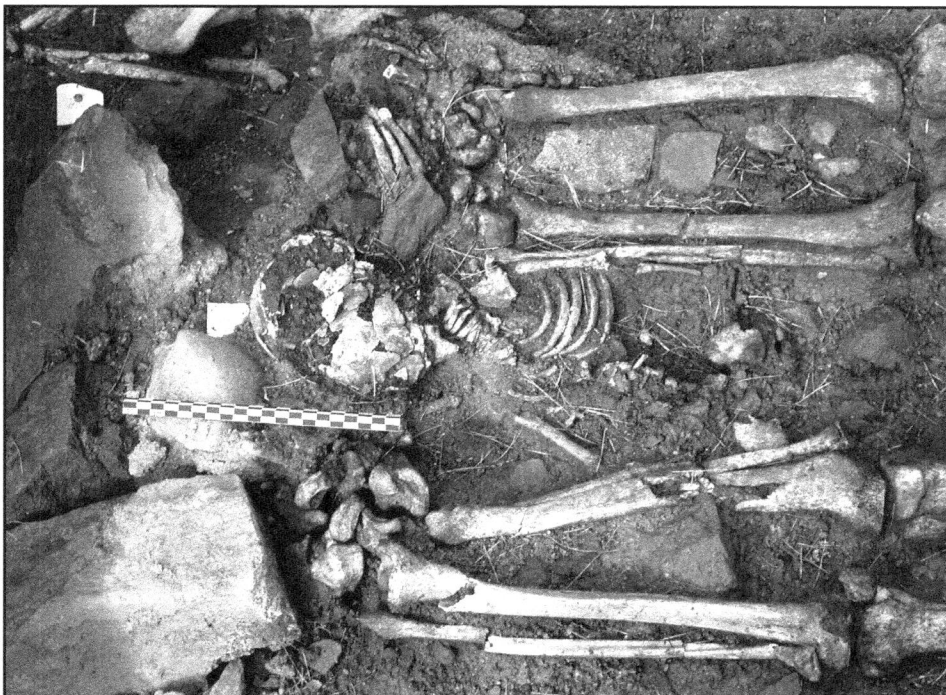

Figure 32: Cliché de détail de l'individu S3 retrouvé entre les membres inférieurs de deux adultes S4 et S5 au sein du cimetière de Lariey (Cliché M. Signoli)

1. 9. - Le matériel associé

1. 9. 1. – Les sépultures de catastrophe de peste

Sur les 11 sites en relation avec une épidémie de peste, la présence de matériel associé au contact direct des squelettes n'a pu être mis en évidence que sur trois sites : celui du Clos des Cordeliers, et les deux ensembles funéraires de Martigues. Il s'agit essentiellement de boucles de chaussures, de boutons et de divers effets personnels, notamment des objets religieux, qui attestent que les victimes ont été inhumées avec leurs vêtements.

1. 9. 2. – Les sépultures de catastrophe d'origine militaire

Contrairement aux inhumations de peste, la présence d'artefacts au contact des individus est fréquente au sein des sépultures de catastrophe d'origine militaire : de nombreux objets et surtout des vestiges d'uniformes militaires, ont été retrouvés. En revanche, aucune arme, blanche ou à feu, n'a été mise au jour.

1. 9. 3. – Les sépultures de catastrophe en relation avec un massacre de population

En ce qui concerne les sites associés à un massacre de population, trois sites sont totalement dépourvus de matériel associé. Seules les victimes du XXᵉ siècle ont été inhumées habillées, avec leurs effets personnels, ce qui a souvent facilité leur identification.

2. – LES CRITERES RECURRENTS DES SEPULTURES DE CATASTROPHE

Au regard des sites étudiés trois critères objectivent la présence d'une sépulture de catastrophe : la cause du décès, le recrutement et la simultanéité des dépôts.

2. 1. - La cause du décès

Une cause similaire au décès semble être un trait commun à tous les individus retrouvés au sein d'une même sépulture de catastrophe.

Pour les sépultures de catastrophe de peste l'utilisation de la paléo-microbiologie et de la paléo-immunologie est cruciale pour déterminer la nature de la crise en l'absence de tout autre indice comme la présence de lésions osseuses. En effet les hauts pathogènes comme la peste ne laissent aucun stigmate sur le squelette. En l'absence d'indices chronologiques, archéologiques, d'archives historiques et surtout sans l'utilisation de la biologie moléculaire, il semble difficile pour ne pas dire impossible d'affirmer la présence d'une sépulture de catastrophe de peste. Il convient ici de rappeler le cas du site d'Issoudun où la nature de la crise demeure toujours inconnue à ce jour ou encore le cas de la fosse du quartier Kerameikos à Athènes, assimilée pendant longtemps et à tort à la peste, où fut mis en évidence pour la première fois la fièvre typhoïde.

En ce qui concerne les sépultures de catastrophe d'origine militaire et les inhumations mises en place à la suite d'un massacre de population civile la détermination de la cause du décès semble *a priori* plus aisée. Le nombre élevé, compris entre 50 % et plus de 90 % dans certains cas, de lésions traumatiques localisées sur le squelette crânien et post-crânien évoque très vite un épisode belliqueux. A Wisby les traumatismes crâniens représentent 52,3 %, alors que, sur le site de Tuskulenaï, 97 % des victimes présentaient des lésions *perimortem* au niveau du crâne. L'étude médico-légale peut également permettre d'identifier la nature de cet épisode. Une série d'impacts de balles localisée à un endroit particulier, à la base du crâne par exemple, peut témoigner d'une exécution massive plutôt que d'un décès au combat.

Nous sommes cependant confrontés à des cas particuliers. Pour le site de la rue Martin-Du-Nord environ dix individus seulement ont péri au combat ou des suites de blessures et c'est très probablement à une épidémie (fièvre des armées ?) qu'il faut attribuer les autres décès.

En ce qui concerne les inhumations de Siaures Miestelis, nous nous retrouvons face à plusieurs causes : l'épuisement, la faim, la maladie notamment le typhus et surtout le froid. Quand à Kaliningrad, c'est vers le typhus que se portent aujourd'hui tous les soupçons en attendant les résultats des analyses en cours, mais la faim et l'épuisement ont certainement joué un rôle important comme en témoignent les mémoires de survivants.

2. 2. - Le recrutement

Le point commun entre toutes les sépultures de catastrophe réside dans le fait que ces dernières sont toujours conséquentes à une mortalité « extraordinaire ». Celle-ci se distingue par des profils paléodémographiques (répartition par âge et par sexe) différents du profil d'une mortalité ordinaire, celle que l'on retrouve en "temps normal" dans les cimetières paroissiaux et les nécropoles à recrutement traditionnel.

Dans le cas d'un haut pathogène comme le *Yersinia pestis* qui ne sélectionne pas ces victimes en fonction de l'âge ou du sexe, le profil paléodémographique obtenu correspond au profil démographique de la population vivante, telle quelle était avant la crise de mortalité. Ce profil paléodémographique diffère très nettement d'une courbe de mortalité normale, ce qui permet assez aisément, en associant les données archéologiques et chronologiques, d'identifier la nature de la crise. Ce type d'approche a été réalisé sur plusieurs sites d'inhumations de pestiférés français (la fosse du couvent de l'Observance, les tranchées du

Délos, le cimetière des Fédons…). L'écart entre les différents échantillons paléodémographiques et l'absence d'études menées à partir des sutures crâniennes, c'est-à-dire d'une méthode commune, ne nous permettent malheureusement pas dans le cadre de notre travail de confronter l'ensemble des profils paléodémographiques des sites retenus pour notre *corpus*.

En ce qui concerne un recrutement militaire l'originalité du profil paléodémographique réside dans la présence importante, pour ne pas dire exclusive, de sujets masculins plutôt jeunes. Sur le site de Siaure Miestelis par exemple, les hommes représentent 98,52 % de l'échantillon total et l'âge au décès se situe pour 72,22 % d'entre eux entre 20 et 39 ans. Sur le site de la rue Martin-Du-Nord les individus masculins correspondent à 86 % de l'échantillon paléodémographique et 68 % d'entre eux avaient un âge compris entre 20 et 39 ans au moment du décès.

Dans le cas particulier de Kaliningrad où l'on est peut-être face à un recrutement mixte composé de militaires et de civils, le profil paléodémographique obtenu pourrait donc être particulièrement original.

Lors d'un massacre de population civile il serait logique d'être, comme pour la peste, confronté à une crise de mortalité "non-sélective". Cette hypothèse pourrait être retenue dans un contexte où toute la population civile d'un lieu donné, sans exception, aurait été massacrée, comme ce fut le cas par exemple à Oradour-sur-Glâne. L'exemple de Crow-Creek vient ici immédiatement à l'esprit. Pourtant les résultats obtenus ont mis en avant des lacunes. Le profil paléodémographique ne correspond en aucun cas à celui d'une population vivante car, bien que l'on soit en présence d'un *sex-ratio* relativement équilibré (54,7 % d'hommes et 45,3 % de femmes) on note l'absence totale de jeunes enfants, de femmes jeunes et d'hommes âgés. Le même constat peut être fait à Valencia où les sujets immatures sont également absents, mais où les victimes quant à elles sont majoritairement des hommes jeunes. Par contre à Tuskulenaï il s'agit d'une population plutôt masculine (720 hommes pour seulement quatre femmes) dont l'âge au décès se situe entre 19 et 66 ans.

Le massacre de population résulte en fait d'un processus de sélection qui engendre un recrutement particulier pour chaque sépulture de catastrophe mise en place dans ce type de contexte.

2. 3. - La simultanéité des dépôts

Au sein d'une sépulture de catastrophe la simultanéité des dépôts est la conséquence logique des inhumations précipitées qui s'inscrivent toujours dans un laps de temps très court. Les dépôts simultanés peuvent même être considérés sur le terrain comme une clef d'interprétation d'une crise de mortalité. L'absence totale de sédiment interstitiel entre les squelettes permet très vite de conclure à une inhumation simultanée. Sur les 40 sites retenus pour notre *corpus* d'étude on peut noter la présence systématique de dépôts simultanés. Cependant, pour certains de ces sites, appréhender la simultanéité des dépôts présente quelques difficultés ; notamment lorsque les ensembles funéraires comportent un grand nombre de tombes individuelles et une faible quantité de sépultures multiples avec de petits effectifs. Dans le cas du cimetière des Fédons par exemple, il parait difficile de mesurer le temps écoulé entre les inhumations individuelles qui se sont certes succédées et les dépôts simultanés retrouvés au sein de certaines fosses. Il en est de même lorsque l'ensemble funéraire est restreint à une seule sépulture double comme les inhumations hâtives au sein de trous d'obus de la Première Guerre mondiale. Dans ce dernier cas un court laps de temps, dont la durée ne pourra pas être déterminée, sépare l'enfouissement de ces deux corps. Il est également difficile d'estimer le temps qui sépare le dépôt des cercueils à Kaliningrad de celui des groupes d'individus inhumés

massivement par la suite, même si celui-ci parait extrêmement restreint.

3. - ARCHEOTHANATOLOGIE DES SEPULTURES DE CATASTROPHE

3. 1. - Le type de dépôt

Dans le cadre des sépultures de catastrophe, nous ne devrions être confrontés qu'à des dépôts primaires et pourtant la lecture des données de terrain oblige à constater la présence de dépôts secondaires sur quatre sites relatifs à des contextes différents.

Les dépôts secondaires ne concernent aucune sépulture de catastrophe de peste, en revanche il semblerait qu'un certain nombre d'ossements épars, résultant des vidanges successives des autres tombes de la parcelle, aient été retrouvés dans les premiers niveaux d'inhumation des sépultures multiples d'Issoudun.

A Vilnius, la découverte de six crânes isolés contre la bordure Sud de la tranchée, indique une découverte antérieure aux opérations archéologiques menées sur cet espace funéraire.

Au contraire à Kaliningrad, le nombre d'ossements épars retrouvés en abondance pour certaines fosses est une des conséquences immédiate et fatale de l'intervention des engins de terrassement.

Enfin à Crow-Creek, les ossements remaniés des premiers niveaux d'inhumation apportent des renseignements supplémentaires sur la gestion funéraire de ces populations. Les corps des victimes seraient restés à l'air libre pendant un certain temps, subissant les agressions des coyotes et autres animaux sauvages. Ce n'est que bien après l'événement que les survivants seraient venus inhumer leurs proches, en prenant alors la précaution de sceller la sépulture pour protéger les corps.

Les études menées sur des charniers plus récemment constitués que ceux de notre *corpus* permettent de mettre en évidence d'autres gestes funéraires qui semblent plus difficile à déceler face à des sépultures mises en place il y a plusieurs siècles. En effet, dans certains cas les fouilles médico-légales mettent en évidence des charniers secondaires. La présence de membres ou de squelettes désarticulés signale ainsi un transport des corps vers un autre lieu d'inhumation. Cette délocalisation des charniers a été fréquemment observée dans le cadre des exhumations menées en Bosnie-Herzégovine, dans les années 1990 et plus récemment en Irak (Jessee *et al.*, 2005; Manning, 2000; Skinner *et al.*, 2001).

3. 2. - L'espace de décomposition des cadavres

Le type d'espace de décomposition s'établit en observant l'état des connections anatomiques des articulations du squelette (stricte, lâche, disparue…) et leur déplacement éventuel au cours de la décomposition du corps. On peut ainsi appréhender la position originale du défunt au moment de son inhumation en analysant l'agencement des restes osseux et les éventuels processus taphonomiques. On reconnaît deux types d'espace de décomposition : l'espace colmaté (le cadavre inhumé est immédiatement recouvert de terre) et l'espace vide (la décomposition du corps s'effectue dans un espace clos, où le sédiment ne peut pénétrer de façon abondante mais plutôt percoler lentement comme au sein d'un cercueil ou d'un sarcophage)

Sur les 11 sites retenus, la décomposition des cadavres s'est effectuée dans deux cas en espace vide. Cela concerne les inhumations individuelles en cercueils, retrouvées au Royal Mint et à Kaliningrad.

La présence de linceuls, au sein des inhumations en pleine terre du cimetière des Fédons et du Royal Mint, a entraîné occasionnellement une décomposition en espace semi-colmaté.

Dans le cas des sépultures multiples où les individus ont été inhumés simultanément dans des fosses en pleine terre, nous aurions du systématiquement nous retrouver face à des décompositions en espace colmaté. Pour autant les différentes observations que nous avons pu faire lors de la fouille de sépultures de catastrophe amènent à d'autres conclusions.

Le nombre d'individus présents associé au mode de remplissage définit la configuration interne des sépultures de catastrophe. La position des corps apparaît comme un critère primordial : corps adjacents, séparés, ou superposés. Un charnier de 50 corps déposés dans une tranchée mais les corps n'étant pas au contact les uns des autres, est infiniment différent d'un charnier où les dépouilles s'appuient les unes contre les autres. Dans le cas où les corps ne sont pas adjacents, la décomposition s'opère similairement à celle d'une inhumation individuelle en pleine terre : on observe donc une décomposition en espace colmaté. Lorsque les corps sont adjacents, voire même superposés, la masse des corps inhumés crée son propre microenvironnement, affectant la préservation de certaines articulations. L'ensemble de ces processus taphonomiques bien particuliers contribuent manifestement à l'absence du maintien strict de certaines articulations voire à des déconnections, dans un espace de décomposition *à priori* colmaté. Plus l'empilement des corps est important et plus les espaces vides au sein de ce même volume seront conséquents : le poids des remblais produit des tassements et ralentit le comblement progressif de ces espaces vides par le sédiment. Ainsi dans certains cas, mais pas de façon systématique, la création de ces espaces vides entraîne le mouvement de certaines pièces osseuses, comme le corps sternal et le manubrium, les os du poignet et de la main. On notera que ce processus n'atteint que rarement les os du tarse et du pied.

Tandis que les corps déposés aux bords de la fosse sont au stade de squelettes, les corps situés au cœur d'un charnier sont préservés et possèdent encore des chairs, des années après leur dépôt. On peut donc parler d'un espace de décomposition propre à la sépulture de catastrophe, que l'on qualifiera d'espace mixte.

Nous retrouvons ce type de décomposition en espace colmaté et en espace mixte sur la majorité des sites. En aucun cas nous ne pouvons attribuer certains processus taphonomiques à la nature du sédiment ou à la présence de chaux au contact des corps. En revanche les remaniements osseux très importants observés au sein des fosses du Lazaretto Vecchio de Venise peuvent être mis en relation avec une décomposition des corps en milieu aqueux.

3. 3. - Les effets de contrainte

Au sein des sépultures de catastrophe on constate un certain nombre d'effets de contraintes directement imputables à la proximité des individus entre eux et également au mode de remplissage. Les effets de contrainte observés au sein d'un charnier sont la conséquence du contact direct des corps entre eux : ils seront d'autant plus nombreux et d'autant plus marqués que la densité des cadavres est importante (Figures 33, 34, 35)

Dans le cas où les individus sont disposés tête-bêche, on observe de manière récurrente, pour ne pas dire systématique, une déconnexion des articulations de la hanche caractérisée par un dégagement des têtes fémorales à l'extérieur des cavités acétabulaires des os coxaux (Figure 34). Dans ce type d'inhumation l'articulation coxo-fémorale est systématiquement sujette à des équilibres instables, provoqués par la superposition des corps.

Indépendamment du mode de remplissage et du niveau du dépôt (que ce soit en fond de fosse ou dans les niveaux supérieurs ou intermédiaires d'inhumation), tous les squelettes présentent une dislocation des segments rachidiens par rapport à l'axe anatomique (Figure 36). Cela suppose que

les rachis thoracique et lombaire se retrouvent obligatoirement confrontés à des espaces vides secondaires créés par la décomposition des parties molles. Par contre pour le rachis cervical, les vertèbres sont toujours en connexion stricte.

Fréquemment la densité des corps au sein d'un même espace entraîne également des compressions du grill costal et de la ceinture pelvienne, on retrouve alors les clavicules parallèles à l'axe du corps, les extrémités sternales des côtes jointes et parfois une position verticale des scapulas et des os coxaux. Les mêmes types de compression peuvent être provoqués par des effets de paroi ; c'est le cas pour les derniers corps inhumés déposés contre les bordures des fosses à Venise. Ces effets de paroi permettent en outre de visualiser les limites des fosses, en matérialisant des effets de relief ou de bordure.

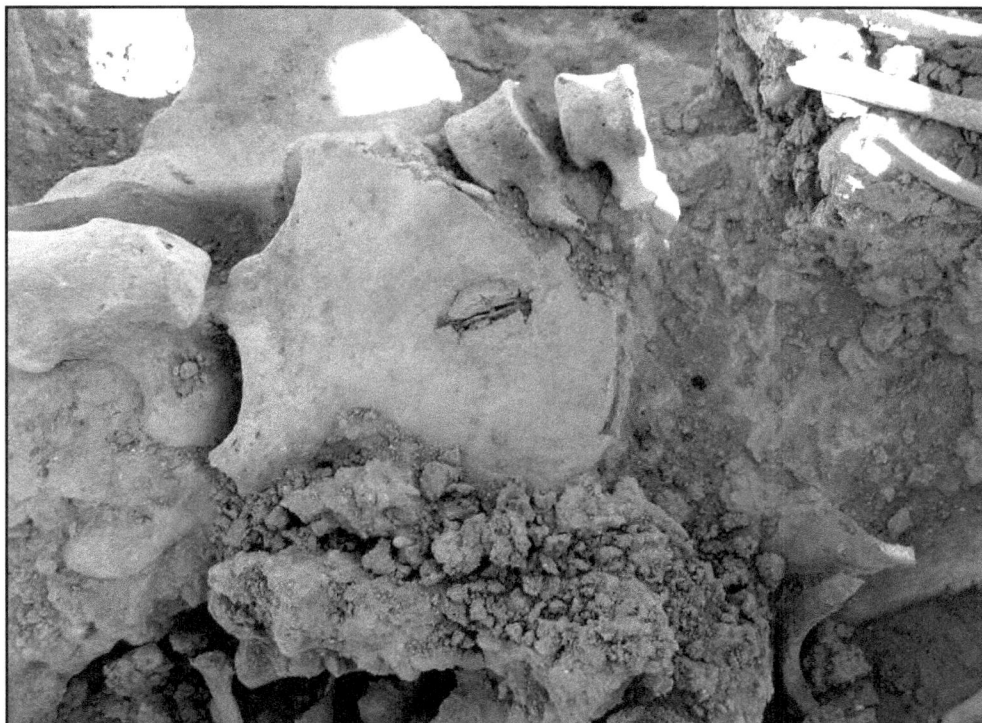

Figure 33: Cliché de détail de la fosse B de Kaliningrad: le sacrum de cet individu a perforé le coxal droit (Cliché C. Rigeade)

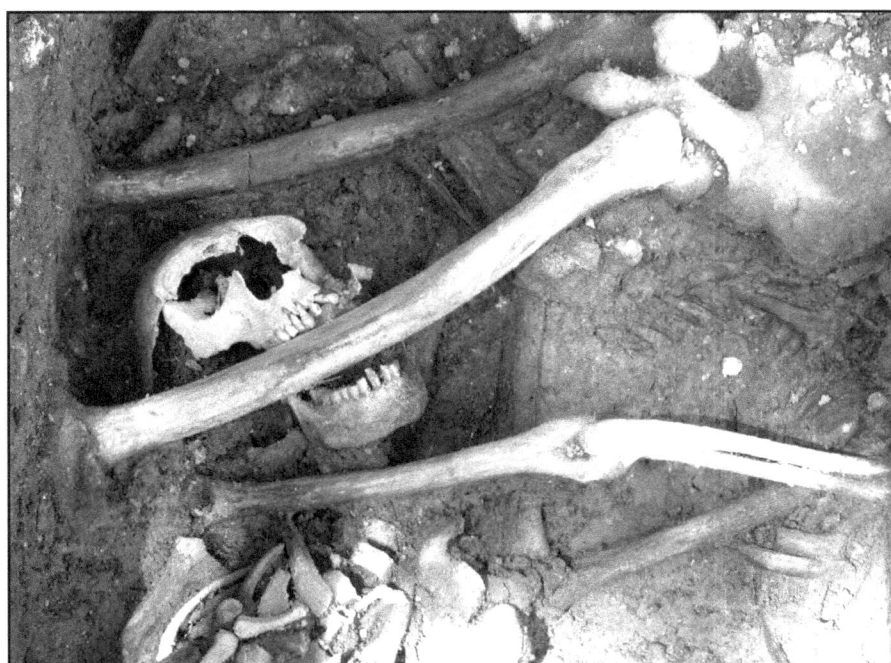

Figure 34: Cliché de détail de la fosse 46 du Lazzaretto Vecchio (Cliché C. Rigeade)

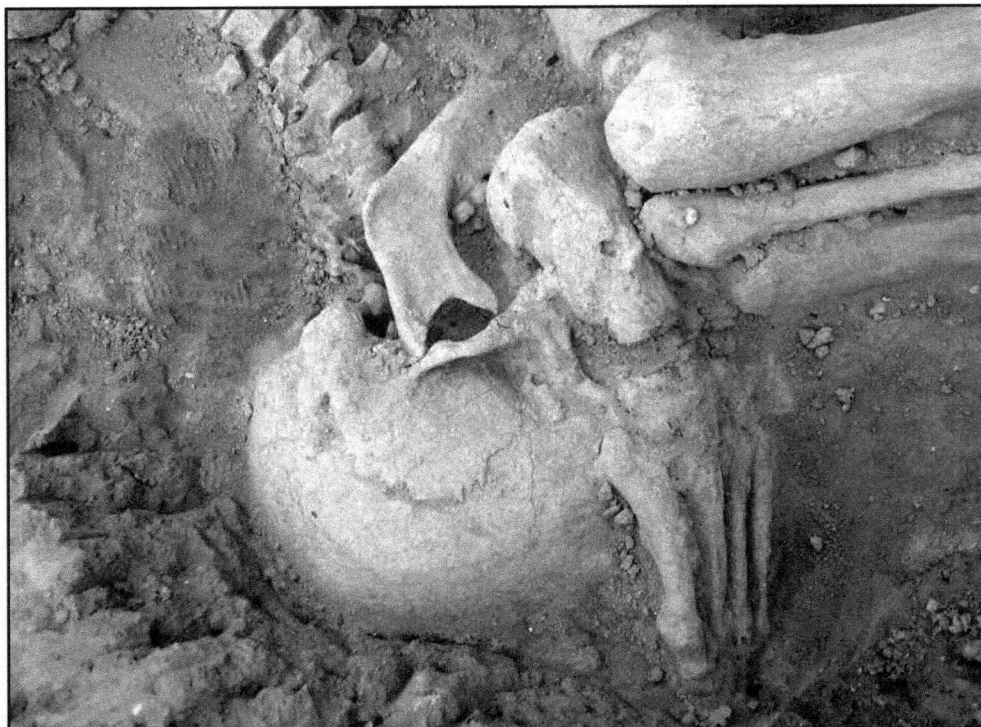

Figure 35: Cliché de détail de la fosse C de Kaliningrad (Cliché C. Rigeade)

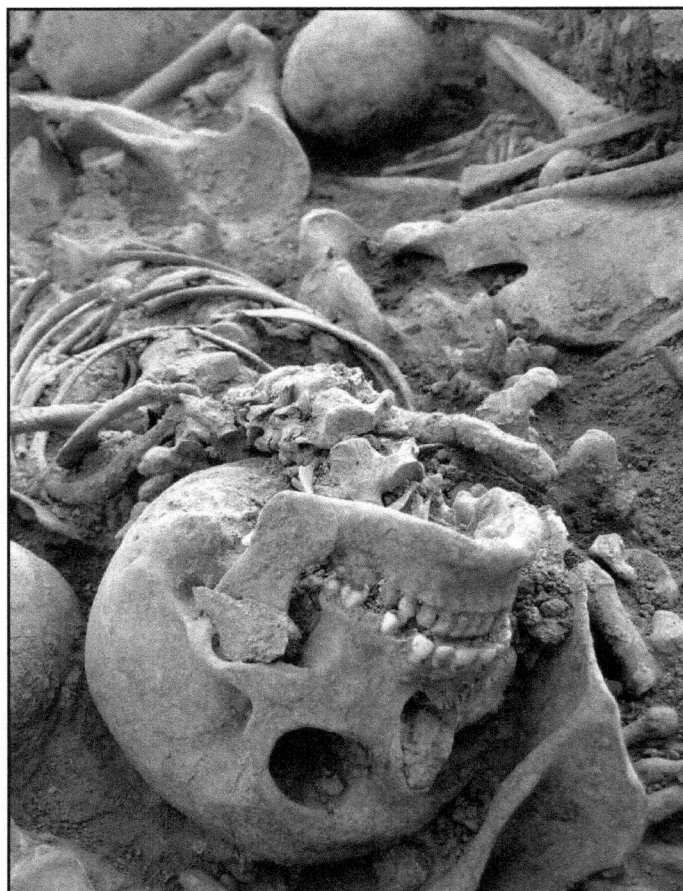

Figure 36: Cliché de détail de l'individu 12 de la fosse C de Kaliningrad (Cliché C. Rigeade)

CHAPITRE 5 : DISCUSSION

Lorsque l'on se situe uniquement d'un point de vue archéologique nous retiendrons les trois critères précédemment développés pour objectiver la présence d'une sépulture de catastrophe. Pour autant si l'on considère l'ensemble des sépultures de catastrophe y compris celles qui sont fouillées dans un cadre médico-légal, les critères retenus présentent de nombreuses lacunes.

1. – LOCALISER LA SÉPULTURE DE CATASTROPHE

Au regard des sites étudiés nous localisons les sépultures de catastrophe soit au sein des cimetières paroissiaux, soit à proximité d'un établissement sanitaire ou, au contraire, dans des lieux qui n'ont pas de vocation cémétariale, ou de vocation sanitaire.

1. 1. - Au sein des cimetières paroissiaux

La présence de sépultures de catastrophe au sein d'un cimetière paroissial permet de rejeter définitivement l'idée véhiculée depuis longtemps par certains auteurs que ce type d'inhumation ne s'établit qu'en marge des nécropoles habituelles, et parallèlement à celles-ci. Dès le IVe siècle avant J.-C., la fosse circulaire, semblable aux tumulus typiques de l'époque archaïque et classique, destinée à accueillir les victimes d'une épidémie de fièvre typhoïde fut implantée au cœur de la nécropole en usage à l'époque (le cimetière Kerameikos), à Athènes (Baziotopoulou-Valavani, 2002 ; Papagrigorakis et al., 2006).

Durant les épidémies de la seconde moitié du XIVe siècle, l'inhumation au sein des cimetières paroissiaux persiste, malgré le risque de contagion. Cette constatation n'est cependant pas surprenante, les ouvrages relatant d'inhumations de pestiférés au sein

des cimetières parisiens sont nombreux (Ariès, 1975, 1977b, a; Chaunu, 1978; Hillairet, 1958). La capitale ne faisant pas, dans ce type de contexte, figure d'exception. A Avignon en 1348, les cimetières étaient également établis en pleine ville. Lors du début de la Seconde Pandémie et cela dès 1348, les cimetières utilisés étaient ceux des paroisses *intra-muros*. On utilisa par la suite deux cimetières paroissiaux situés *extra-muros*, à environ 150 mètres de l'enceinte neuve du XIVe siècle (Chiffoleau, 1980; Enselme, 1969). Nous pouvons donc envisager qu'une situation similaire se soit produite à Montpellier et à Dreux, où est-il besoin de la rappeler des archives biologiques ont été mises au jour. Les sépultures découvertes correspondraient aux premières inhumations de pestiférés des villes concernées. La mise en place d'un cimetière occasionnel dévolu à l'inhumation des victimes de peste n'intervenant qu'une fois les cimetières paroissiaux saturés et qu'une fois que des mesures d'administration sanitaire aient pu être prises, par conséquent dans le cadre des épidémies qui suivirent celle de 1348 (fin du XIVe siècle et début du XVe siècle selon les communautés).

Les victimes des pogromes perpétrés en 1348, après les premiers décès de peste, furent *à priori* inhumées au sein des cimetières juifs des villes, à l'exemple de la fosse découverte à Valencia. Si les textes relatent les massacres des populations juives (Delumeau, 1978), il ne semble pas qu'il y ait trace dans les archives de mesures particulières destinées à inhumer les victimes des pogromes (Tuchman, 1980).

Pour les épidémies de peste suivantes, en dehors des cimetières jouxtant les bâtiments d'une communauté religieuse, on ne retrouve pas d'inhumations de pestiférés dans les grandes nécropoles urbaines, mêlés aux sépultures traditionnelles. Il faut souligner, que les nécropoles contemporaines du Bas Moyen Age et de la période Moderne sont mal connues en France. Toutefois on peut s'étonner de l'absence totale de pestiférés au sein des nécropoles utilisées continuellement de l'Antiquité Tardive à la fin du Moyen Age. L'ensemble funéraire découvert à Bourges en 2004 permettra peut-être de combler cette lacune puisque trois épisodes de surmortalité ont été mis en évidence au sein d'une même zone du cimetière paroissial de la ville, qui fut utilisé entre le IXe et le XVIe siècles (Blanchard *et al.*, 2005).

L'utilisation première d'un ensemble sépulcral paroissial semble perdurer par coutume durant les épidémies de peste postérieures, tout au moins au début des périodes de *Contagion*.

Au Moyen-Age les soldats sont, quant à eux, exclus des inhumations *ad sanctos*, seuls les Grands échappent à l'anonymat. Comme à Towton, les corps des nobles, des chevaliers étaient ramenés par leurs sujets, pour être inhumés dans un lieu saint (chapelle, église). Le site de la rue Martin-du-Nord fait ainsi exception à la règle, puisque les combattants ont été inhumés *intra-muros*, sur un lieu consacré : il s'agit d'une annexe de l'église Saint-Albin. Toutefois si l'on se replace dans le cadre d'une guerre de siège aux XVIIe (Fort William Henry) et au XVIIIe siècles (Snake Hill), mais nous n'avons pas d'exemple francophone, les sépultures militaires sont également mises en place au sein des forts assiégés.

En France, quelques exceptions semblent également exister au cours des guerres de la Révolution et de l'Empire, notamment lors de petits affrontements. Si les autorités des villages étaient présentes les corps étaient alors enterrés dans le cimetière paroissial. De même en 1914-1918, c'était aux autorités civiles, généralement aux maires, qu'était dévolu le soin d'ensevelir les cadavres dans les cimetières communaux, mais cette mesure ne fut que très rarement observée (Capdevila *et al.*, 2002b).

Dans le cadre des conflits du XXe siècle, on inhume fréquemment les victimes au sein des cimetières paroissiaux.

D'une part des inhumations furent le fait des proches des victimes, voulant leur assurer une sépulture décente à l'exemple de celles retrouvées dans le cimetière d'Escobar à Buenos-Aires en Argentine (Eaaf, 1997).

D'autre part des tombes anonymes furent mises en place par les bourreaux eux-mêmes pour dissimuler leurs crimes, pendant la guerre civile d'Espagne comme l'atteste la fosse retrouvée dans le cimetière municipal de Santo Tomás à Benegiles en Espagne (Etxeberria *et al.*, 2004c). En Amérique du Sud, ce type de sépultures portaient la mention *nomen nescio* ("sans nom"), certaines furent mises à jour au sein du cimetière de Magdalena en Argentine (Eaaf, 1997). Des inhumations similaires furent également découvertes au Chili et au Guatemala (Capdevila 2006). Plus récemment, pendant le conflit des Balkans, les charniers furent également mis en place parmi les sépultures traditionnelles à l'exemple des sites de Novi Sad en Serbie (Anonyme 27, 2002), et de Pëje au Kosovo (Sprogoe-Jakobsen *et al.*, 2001).

1. 2. - A proximité d'un établissement sanitaire

A partir du XVIe siècle, les sources écrites et les découvertes archéologiques s'accordent sur les mesures prises par les communautés en période d'acmé épidémique, mais également au début de celles-ci comme la réquisition de parcelles pour installer des infirmeries ou des hôpitaux et surtout, pour inhumer les victimes à défaut de place dans les cimetières paroissiaux. Que ce soit à Lambesc en 1590, ou à Quimper lors de l'épidémie de 1594 (Anonyme 64, 2005), on procéda à des inhumations de fortune sans passer par l'église, sur des terrains incultes proches des agglomérations mais en même temps suffisamment éloignés de celles-ci. Dans les régions montagneuses, en 1630, les victimes du village de La Salle (Anonyme

66, 2005), de Puy-Richard ou de Puy-Saint-Pierre, ne sont pas inhumés au cimetière paroissial situé trop près des habitations mais, plus loin, dans la campagne pour éviter la contagion des autres habitants. Dans le cadre de mesures d'urgence, que ce soit pendant l'épidémie de 1665 à Londres, ou celle de 1720-1722 à Marseille, on convertit de nombreux espaces publics en cimetières au coeur de la ville et à la périphérie immédiate, les anciens étant rapidement saturés, notamment ceux qui accueillirent les premières victimes, c'est-à-dire les cimetières se trouvant dans les complexes sanitaires (Naphy *et al.*, 2000; Signoli, 1998, 2006). Forte de l'expérience marseillaise et probablement de sa propre expérience à gérer les épidémies du XVIIe siècle, la municipalité de Martigues agira de même en 1720, en réquisitionnant des parcelles à la périphérie des différents quartiers de la ville.

Le site du Lazzaretto Vecchio doit être considéré comme une exception de part la situation topographique de la ville. Il semble difficile en dehors des îles présentes dans la lagune de creuser et de trouver un enclos ou une parcelle disponible pour inhumer les pestiférés au sein même de Venise.

Face à d'autres épidémies, il semblerait que les mêmes mesures aient été prises par les communautés. Les sépultures de catastrophe datées XVIIe- XVIIIe siècles découvertes à l'Ilot Saint-Louis à Boulogne-sur-Mer, dans le cimetière des Cordeliers à Issoudun, et dans le cimetière de l'hospice Sainte Catherine à Verdun, sont elles aussi localisées près d'un établissement sanitaire.

Dans le cadre d'un conflit, nous retrouvons bien souvent encore des établissements sanitaires en relation avec ces inhumations et cela dès le début de l'Epoque Moderne. Pendant l'Ancien Régime, il arrive cependant que les soldats blessés ou malades soient conduits aux Hôtels-Dieu locaux, comme en témoignent les inhumations découvertes à Epinal, aux abords d'un établissement de l'ordre des hospitaliers de Saint-Jean-de-Jérusalem (Masquilier, 2000)

Sous le Ier Empire, il est recommandé d'éloigner les cimetières des hôpitaux militaires tant des camps que des habitations, le lieu devant être fixé par des officiers de santé (Revolat, 1803). Ce principe ne fut pourtant pas systématiquement respecté si l'on s'en réfère aux différentes découvertes archéologiques contemporaines des campagnes de l'Empire. A Tolosa, les inhumations sont attenantes au couvent Santa Clara, réquisitionné comme hôpital militaire entre 1807 et 1813. Les blessés qui décédaient dans les hôpitaux des villes étaient, eux aussi en principe, enterrés dans le cimetière de l'hôpital, ce fut notamment le cas à Kaliningrad en 1812 et à Erfurt l'année suivante (Anonyme 56, 2004; Rigeade *et al.*, sous presse).

Enfin, durant la Première Guerre mondiale, furent mis en place des lieux d'inhumations près des hôpitaux militaires, à l'arrière du front comme à Monchy-Le-Preux. Certains de ces ensembles funéraires, comme le cimetière de Verberie ou de Senlis, donneront même lieu, à la fin de la guerre, à de véritables nécropoles de regroupement (Hardier *et al.*, 2004) et qui deviendront par la suite des lieux de mémoire de ce conflit.

1. 3. – Sur le lieu du décès

L'emplacement des sépultures de catastrophe en relation avec une épidémie de peste semble donc fréquemment lié à un établissement sanitaire mais on constate leur absence pour l'épidémie de peste de Justinien. Les deux exemples que nous avons présentés ainsi que le site d'Aschheim (Allemagne), lui aussi contemporain de cette Première Pandémie, ne sont ni implantés au sein d'un cimetière paroissial, ni à proximité d'une communauté religieuse. En l'absence d'études menées sur les archives historiques pour cette période, il est difficile d'expliquer les raisons ayant prévalu à ces choix emplacements, d'autant que pour la même période chronologique on constate la mise en place de sépultures multiples à Grenoble, à proximité de l'Evêché (Baldin De Montjoye,

CATHERINE RIGEADE

1993, 1996; Baucheron *et al.*, 1995; Blaizot, 1994, 1995).

Les sépultures des soldats sont, quant à elles, mises en place sur les champs de bataille au rythme des trêves observées entre les belligérants, comme ce fut certainement le cas à Wisby (Suède) en 1361, à Towton (Angleterre) en 1461 et à Mohacs en 1526 (Hongrie). Les fosses creusées sur le site même de la bataille marquaient ainsi la fin du combat ou tout du moins une période de trêve. Le laps de temps imparti à la trêve provoquait des enfouissements précipités, effectués le plus fréquemment par les populations riveraines mobilisées pour "la corvée" (Corvisier, 1985). Par exemple, deux jours après la bataille de Rocroi, le 21 mai 1643, il ne reste plus trace sur le site des 10 000 corps de victimes. L'histoire officielle de la bataille retient la réquisition de la population des environs pour débarrasser les lieux jonchés de cadavres. Mais on ne trouve pas mention de fosses communes car, en réalité, il semble que les corps aient été enfouis dans les fondrières nombreuses dans la région (Ollier, 1993).

Comme l'attestent les nombreux témoignages, durant les guerres de la Révolution et de l'Empire, on continue à inhumer les corps des soldats sommairement, sur les champs de bataille. En 1805, après la bataille de Slavkov – Austerlitz, le champ de bataille est recouvert de cadavres, et les 18 000 victimes seront inhumées dans 25 fosses, durant les journées suivantes (Gissübelova, 2000). Dans la majorité des cas, les corps des soldats tués lors des batailles étaient enterrés dans des fosses communes creusées par l'armée victorieuse, par leurs prisonniers ou bien par des autochtones (Baron Percy, 1986) ce fut notamment le cas après la bataille de Borodino.

En France en 1870-1871 et au début du XXe siècle l'improvisation était fréquente (Capdevila *et al.*, 2002a). L'abandon des soldats sur le lieu des combats, avec par nécessité prophylactique une inhumation sommaire et rapide effectuée par les civils,

perdure pendant la guerre de 1870 (Lemonier, 1871) comme l'illustre la sépulture multiple des 14 soldats allemands découverte à Noisseville (Moselle) en 1991 (Adam, 2006).

Jusqu'en 1914-1918, la priorité sera d'assainir au plus vite la zone des combats. Si les victimes s'avéraient trop nombreuses, elles devaient être enfouies dans une fosse creusée sur les lieux du combat. Dès l'automne 1914, on prit l'habitude d'ensevelir les morts là où ils étaient tombés, en bordure d'un bosquet, au fond d'un cratère d'obus, ou près d'une habitation (Capdevila *et al.*, 2002b). Lorsque des pics de mortalité se produisaient suite à des combats violents et prolongés, ayant engagé des effectifs importants, ou que l'urgence s'imposait, les corps étaient hâtivement regroupés dans des fosses permettant des économies de temps et de moyens. Ces dernières étaient localisées à proximité des premières lignes et facilitaient ainsi le travail épuisant des brancardiers et des fossoyeurs (Hardier *et al.*, 2004). C'est ainsi que l'on retrouve sur les lignes de front des sépultures de combattants britanniques (à Arras, Monchy-Le-Preux, et Thélus), allemands (à Gavrelle) et français (à Boinville et à Saint-Rémy-La-Calonne).

En ce qui concerne les civils massacrés au cours d'un conflit, ces derniers sont semblent-ils toujours inhumés à l'endroit même où s'est déroulé le massacre et ce depuis le Néolithique jusqu'à nos jours. Nous citerons les exemples archéologiques de Talheim (Allemagne) pour le Néolithique, d'Arras et de Crow-Creek pour les périodes du IVe et du XIVe siècles. Au XXe siècle les victimes sont également souvent inhumées à proximité du lieu de l'exécution, les nombreux artefacts (douilles, balles ...) retrouvés à la surface du sol permettent d'identifier l'aire d'exécution proprement dite, mais les exemples sont malheureusement beaucoup trop nombreux pour que nous puissions tous les citer ici. Nous retiendrons les sites de Pakracka Poljana en Croatie (Fenrick, 1992; Skinner *et al.*, 2001), les sites en relation avec la guerre civile d'Espagne ou le site de Tuskulënai en Lituanie.

1. 4. – Conclusion

L'implantation des zones d'inhumations semble donc motivée par un usage pratique plus que par le respect strict de règlements. Le lieu d'inhumation semble défini stratégiquement par la distance qui le sépare d'un établissement hospitalier, celle-ci devant être réduite à *minima* dans un contexte épidémique, comme dans un conflit armé afin de faciliter au mieux la mise en terre.

Pendant la Première Guerre mondiale, la distance séparant le front du lieu d'inhumation influença sans conteste, dans une certaine limite, les soins apportés à la réalisation des tombes. Ce constat semble toutefois moins évident pour d'autres épisodes belliqueux. Pour localiser les sépultures de catastrophe le facteur distance est donc à considérer comme une tendance générale plutôt que comme une règle car dans certains cas on peut penser que la topographie d'un site a également du être pris en considération. En Bosnie comme en Irak par exemple, chaque lieu a été choisi, certes pour son isolement, mais également en raison de la configuration du terrain qui permet aux fossoyeurs d'ensevelir les corps sans peine.

Actuellement, dans un contexte de crise de mortalité, un certain nombre de conditions doivent être respectées : l'implantation des inhumations doit s'effectuer en accord avec les communautés locales, celles-ci doivent être situées à 50 mètres au maximum d'un cours d'eau, et à plus de 500 mètres des habitations (Anonyme 49, 2003).

2. – LA SÉPULTURE DE CATASTROPHE : UN OPPORTUNISME AVÉRÉ

Comme nous l'avons montré au travers de nombreux exemples, il existe une grande variété de formes sépulcrales pour les sépultures de catastrophe. Les facteurs déterminant de cette variabilité semblent particulièrement difficiles à appréhender. La forme de la sépulture ne semble en aucun cas avoir été dictée ni par sa localisation, ni par le nombre de victimes à inhumer, ni même par son appartenance chronologique. Les tranchées du Lazzaretto Vecchio ne concernent pas des effectifs supérieurs ou inférieurs à ceux des autres fosses présentes sur ce site. En présence de tranchées mesurant plusieurs mètres de long, il semble aisé de distinguer une crise de mortalité tant cela diffère des sépultures traditionnelles rencontrées habituellement sur les nécropoles. Toutefois ce type d'inhumation a lui aussi été mis en place dans tous les contextes de crise et l'on observe à chaque fois des modalités de remplissage différentes, et ce pour le même contexte.

Dans le cas des épidémies de peste, les populations ont creusées des tranchées en 1348, à Londres, en 1630, à Venise, et en 1720 à Martigues par exemple, mais on ne retrouve pas l'utilisation de la tranchée sur les autres sites d'inhumation de pestiférés contemporains. Par ailleurs ces trois exemples présentent chacun des modalités funéraires différentes. A Londres, malgré l'épidémie, la présence de linceuls et de cercueils ainsi que le dépôt soigné des individus témoignent d'une gestion funéraire maîtrisée. A Venise, le dépôt régulier des individus tête-bêche reflète une volonté d'optimiser l'espace funéraire face une période d'acmé épidémique. Par contre à Martigues, les cadavres ont été jetés sommairement, et les déversements hâtifs de tombereaux ont pu être clairement identifiés.

Le fléau de la peste n'est pas le seul à avoir nécessité la mise en place de telles tranchées, car on retrouve des sépultures de catastrophe revêtant la même forme à l'issue d'autres contextes. En 1812, à Wilna, il a également paru plus opportun de précipiter tous les corps des soldats de Napoléon au sein d'une tranchée. Ici sans doute les conditions climatiques ont joué un rôle déterminant dans ce choix d'utiliser un contenant déjà creusée quelques mois auparavant dans un but poliorcétique.

En 1936-1939 en Espagne des tranchées ont également été creusées sur deux sites, pour ensevelir les victimes de la guerre civile. Comme à Venise, nous ne pouvons appréhender les raisons de ce choix particulier. Est-ce les contraintes topographiques, ou les moyens matériels et humains mis à la disposition des troupes franquistes qui ont privilégié la mise en place d'une tranchée à Valdedios et à Berlangas ? Dans tous les cas ces tranchées ont généré des modalités de dépôts différentes : un dépôt sommaire des individus tête-bêche dans le premier cas, et un dépôt soigné des corps, les uns sur les autres, suivant une même orientation dans le second cas.

A l'inverse, les victimes ont été jetées sommairement du haut des tranchées par leurs bourreaux, que ce soit à Tasovici en Bosnie-Herzégovine (Skinner et al., 2001) ou à Mazar-I-Sharif, en Afghanistan (Physicians for Human Rights, 2002b).

Enfin récemment nous avons pu observer la mise en place de tranchées, à la suite d'une catastrophe naturelle, le tsunami de décembre 2004. Dans ce dernier cas nous pouvons évoquer, avec beaucoup de réserve, une volonté de la part des autorités sanitaires de ne pas superposer les corps. La tranchée apparaîtrait alors comme le moyen le plus approprié pour à la fois respecter cette volonté, mais en même temps parvenir à inhumer le plus rapidement possible tous les cadavres.

Evidemment pour certains modes d'inhumations comme par exemple l'utilisation d'un trou d'obus nous ne disposons pas de nombreux exemples couvrant une large période chronologique. Malgré tout sur des périodes chronologiques restreintes : la Première et la Seconde guerres mondiales on constate que l'inhumation au sein d'un trous d'obus n'est pas exclusivement réservée aux soldats inhumés hâtivement à l'issue d'un combat, on retrouve également cette pratique pour inhumer des civils à l'exemple des corps de typhiques retrouvés à Lublin en Pologne et décédés pendant la Seconde Guerre mondiale (Chagowski et al., 1999).

Afin d'ensevelir au plus vite les cadavres, les survivants n'hésitent donc pas à réutiliser des espaces, des structures qui semblent propices à l'inhumation et ceci quel que soit le contexte. Ainsi à Marseille en 1720 on utilisa les fortins de la Tourette (c'est-à-dire des remparts côtiers) pour y précipiter les corps des pestiférés (Bouiron et al., 1994; Signoli, 2000). A Avignon c'est dans la tour de la Glacière du Palais des Papes que l'on jeta les corps des civils assassinés les 16 et 17 octobre 1791 (Moulinas, 2003). Les fossés de fortification des habitats sont souvent exploités à l'issue d'un massacre de population comme à Talheim et à Schletz au Néolithique, ou à Crow-Creeck en 1350. Néanmoins, cet usage se retrouve pour d'autres crises de mortalité puisque, ainsi sur le site de Siaures Miestelis, c'est également une tranchée de fortification qui fut utilisée dans l'urgence la plus absolue, pour ensevelir plus de 3 000 corps de soldats de la Grande Armée. Plus récemment, à Radonjicko Lake en Yougoslavie, c'est un canal, immergé d'eau par la suite, qui servit de fosse sépulcrale (Djuric, 2004). En Bosnie-Herzégovine le site de Cerska a opportunément été choisi pour ses "qualités topographiques" ; la configuration du terrain était favorable à un ensevelissement des corps à moindre peine. Une fois les victimes exécutées, les cadavres de ces dernières dévalaient la pente et disparaissaient sous le niveau de la route. Les bourreaux n'eurent qu'à les recouvrir de terre (Koff, 2004). Cette exploitation de lieux différents met en avant le caractère opportuniste de la sépulture de catastrophe et le contexte d'urgence de son utilisation.

3. – LA SEPULTURE DE CATASTROPHE : UNE "INHUMATION DE MASSE"?

A travers l'ensemble des sites étudiés (ceux que nous avons retenus dans notre *corpus*, comme bien d'autres) nous avons pu constater que la sépulture de catastrophe ne se limite pas uniquement à l'inhumation massive d'un grand nombre de cadavres en un même lieu. La présence de sépultures individuelles permet de ne pas limiter la sépulture de catastrophe à un aspect quantitatif, représentatif de la mort en masse. En même temps, être confronté à des tombes individuelles sur un site n'exclue pas que nous soyons confrontés à une crise de mortalité puisque leur mise en place peut ainsi refléter la capacité de la population touchée par un épisode catastrophique à gérer celui-ci en totalité, sinon pour un temps

Les sépultures multiples présentent, quant à elles, des effectifs extrêmement variables qui semblent liés à une augmentation de la mortalité, au cours d'une épidémie par exemple. Le nombre de victimes peut lui aussi être progressif à l'issue de combats plus ou moins meurtriers. La variabilité des gestes funéraires, qui est perceptible sur certains sites comme aux Fédons, à Douai, à Kaliningrad, et à Tuskulënai témoigne probablement d'une adaptation circonstancielle des structures funéraires aux variations journalières de la mortalité, voir à l'origine des défunts (décès dans le cadre d'un hôpital ou cadavres retrouvés chez eux plusieurs jours ou plusieurs semaines après le décès). Sur le cimetière de Lariey par exemple cette variabilité est conséquente à un accroissement de la ponction démographique due à l'évolution des rythmes de l'épidémie au fur et à mesure que les semaines de contagion se passent. De façon générale, il semblerait que ce soit le rythme auquel les décès surviennent et le taux de mortalité qui influent véritablement sur le mode d'inhumation des cadavres, et non le nombre de morts. Les vivants pris au dépourvu, en nombre de plus en plus restreint, n'ont pas d'autres choix que

d'inhumer sommairement leurs morts. Ainsi l'impact démographique, c'est-à-dire le rapport entre les morts et les vivants, sur une population influence ses gestes funéraires. A Londres, le nombre de vivants est certainement resté important, permettant de maintenir les coutumes funéraires malgré une augmentation sensible de la mortalité. A l'inverse à Wilna en 1812, la population vivante et l'armée russe ont été débordées par le nombre important de cadavres retrouvaient dans la ville et qui devaient être inhumés en toute urgence.

Mais il ne suffit pas nécessairement d'être submergé par les cadavres pour mettre en place des sépultures multiples comme le prouve le charnier découvert à Marseille qui, comme nous l'avons dit précédemment, a été utilisé pour inhumer moins de 300 victimes au printemps 1722. La peur et la panique générale (ici la mémoire cuisante d'un épisode épidémique récent) suffisent à elles seules, plus que le nombre de victimes de l'épisode de rechute épidémique lui-même, à inhumer le plus rapidement possible le plus grand nombre de défunts, surtout lorsque cet évènement suit de très près un épisode particulièrement tragique (c'est le cas à Marseille entre l'épisode de juin 1720 à février 1721 ayant entraîné entre 40 000 et 50 000 décès et la rechute épidémique de 1722). C'est cette donne qui favorise la création d'un charnier ou non face à l'hécatombe qui survient brutalement, mais au contraire de façon préventive afin de tenter, à la différence de l'épisode premier, de ne pas être débordé par l'aspect sanitaire du retour de la maladie.

Dans le cas du Lazzaretto Vecchio il convient ici d'évoquer l'importance de la gestion de l'espace pour inhumer les pestiférés. La contrainte géographique associée à une connaissance du fléau, qui survient de manière récurrente de XIVe siècle au début du XVIIe siècle, ont certainement contribué à la constitution rapide de ses sépultures de catastrophe. Optimiser l'espace sépulcral au maximum de sa capacité prend alors le pas sur l'urgence et la peur, même si celles-ci sont également présentes à l'esprit des autorités administratives et sanitaires. En cela l'aménagement technique et raisonné des cadavres déposés tête-bêche semble la réponse la plus adaptée et la plus récurrente (topographiquement et chronologiquement) pour optimiser l'espace au sein des fosses.

A travers les exemples présentés on constate aisément qu'il ne suffit pas de retrouver plusieurs centaines de corps amassés au sein d'une même sépulture pour conclure à la présence d'une sépulture de catastrophe. Face à un cimetière de catastrophe comme ceux de Puy-Saint-Pierre et de Lambesc, ou face aux sépultures doubles de la Première Guerre mondiale et de la Guerre Civile espagnole, réduire la sépulture de catastrophe à des "charniers", ou à une inhumation massive de plusieurs victimes devient évidemment plus délicat ou même erroné. Sans avoir connaissance du contexte qui leur est associé, il semble difficile de qualifier avec certitude ces sépultures. Les contraintes imposées à la fouille d'urgence de sépultures, notamment en contexte urbain et de sauvetage où l'étendue des investigations est très limitée en surface et dans le temps, rend complexe les interprétations des petits ensembles constitués d'un dépôt simultané de quelques individus. En l'absence de matériel associé et d'archives historiques peut-on qualifier des ensembles comme ceux qui ont été récemment découverts à Arles rue Renaudel, à Arras rue de la Paix ou à Saint-Brice-sous-Forêt comme des ensembles de catastrophe ? L'évidence archéologique incite à cette conclusion, mais lorsqu'un site est limité à la présence d'une sépulture double ou triple, peut-on réellement s'autoriser à parler de crise de mortalité ? A ce stade de nos recherches nous ne pouvons apporter de réponse. Certes ces sépultures présentent une gestion funéraire analogue à celles qui constituent à juste titre notre *corpus* d'étude de sépultures de catastrophe ; les corps ont été retrouvés disposés tête-bêche dans les cas des sites d'Arles et d'Arras, les cadavres ont sans doute été précipités dans la

fosse découverte à Saint-Brice-sous-Forêt l'évènement.

Dans ces trois cas, en l'absence de lésions traumatiques, d'analyses en biologie moléculaire, de mobilier et d'archives historiques associés, nous ne pouvons déterminer la nature de la crise ni connaître la part que représentent ces quelques corps par rapport à la population vivante au moment de

A l'inverse du site d'Issoudun et de Pydna où ce sont respectivement 158 et 115 squelettes qui sont concernés, il serait imprudent, face à de faibles échantillons et à une seule sépulture double ou triple, d'affirmer la présence d'une sépulture de catastrophe. Pour autant, si la fouille du cimetière des Fédons avait été limitée à une seule sépulture multiple, voir même à une seule ou à quelques sépulture(s) individuelle(s), l'hypothèse d'un cimetière d'infirmerie et peut-être encore moins celle d'une épidémie de peste n'aurait pu être envisagée. En revanche il convient de garder à l'esprit que ces petits "dépôts simultanés" atypiques, notamment les sépultures doubles, ne sont pas exceptionnels. Bien au contraire ils sont même fréquemment signalés au sein des nécropoles, mais c'est le regroupement familial qui est souvent invoqué pour expliquer leur présence, comme par exemple à Chantambre (Girard, 1997).

Se pose alors l'épineux problème du nombre d'individus : à partir de combien de corps retrouvés peut-on considérer que nous sommes face à un épisode catastrophique. Ne faudrait-il pas reconsidérer également la notion de "catastrophe"? Ainsi, la fosse de Yekaterinburg, par exemple, ne concerne que le massacre d'une famille (certes la famille du Tsar de Russie) et il semblerait excessif de lui attribuer le terme de sépulture de catastrophe, alors que cette appellation désigne également les inhumations des centaines ou des milliers de victimes de la peste, d'un conflit armé ou d'une catastrophe naturelle. Pour autant cette sépulture, que ce soit par sa forme ou par son mode de remplissage, semble assimilable aux sépultures de catastrophe que nous avons précédemment décrites. Pour autant, l'exécution de tous les membres de la famille du Tsar Nicolas II ne constitue une catastrophe, uniquement à l'échelle de cette famille.

4 – LA GESTION FUNERAIRE

Au regard des sites étudiés et analysés, il nous semble difficile de dresser une typologie des sépultures de catastrophe en fonction de la nature de la crise ou de la période chronologique considérée. En effet, pour chaque contexte et pour chaque période chronologique, la gestion funéraire de ces ensembles diffère. Cette diversité dans les modalités funéraires s'observe également au sein d'un même site, pour des sépultures contemporaines. Il n'existe pas un mais une pluralité de type de sépulture de catastrophe pour chaque contexte. On retrouve de façon permanente que ce soit pour des pestiférés, des militaires, des civils massacrés ou ayant péri à la suite d'une catastrophe naturelle, les mêmes types de sépultures et les mêmes gestes funéraires, pour des périodes chronologiques différentes. Il n'y a pas de la part des populations du passé, ou de la part des populations actuelles une continuité dans leurs attitudes face à la mort collective et massive. Il semblerait plutôt que chaque population cherche à faire face à l'épisode catastrophique, à s'adapter, et à gérer comme elle le peut en fonction de ses moyens.

Chaque sépulture de catastrophe se présente comme une entité unique et nous ne pouvons pas sur la base des recherches et des données actuelles, dresser un profil type. Nos résultats mettent en évidence une grande flexibilité qui ne répond en aucun cas à un rite funéraire particulier ; elles sont engendrées à chaque fois, en fonction de plusieurs facteurs, et notamment celui de l'impact de la crise sur la population touchée. Plusieurs interactions interviennent donc au moment de leur établissement impliquant l'absence de similitudes face à une même crise de mortalité.

A l'exemple des inhumations mises en place à la suite du tsunami en 2005, face au grand nombre de corps retrouvés, si toutes les communautés et toutes les ONG ont admis la nécessité d'inhumer le plus rapidement possible tous les corps afin de limiter le risque sanitaire, toutes n'ont pas utilisé le même mode d'inhumation. Dans certaines régions de l'Inde les corps ont simplement été jetés pêle-mêle au sein de grandes fosses circulaires. En Thaïlande les corps, enfermés dans des sacs plastiques, ont été déposés les uns à côté des autres au sein de longues tranchées. A l'inverse on retrouve des cercueils alignés au sein d'une fosse rectangulaire à Thinadhoo (République des Maldives).

La mise en place d'un charnier n'est donc pas systématique. Son utilisation est également indépendante du nombre de décès généré par la crise, que ce soit une épidémie de peste ou un épisode belliqueux. Cette gestion funéraire singulière dépend semble-t-il d'autres facteurs. Le facteur temps étant celui qui joue le plus grand rôle dans la mise en place de ces inhumations. La difficulté à évaluer le temps écoulé entre la mise en place de plusieurs inhumations sur un site et entre le dépôt d'un ou plusieurs corps au sein d'une sépulture, constitue également l'une des limites dans l'étude et l'interprétation de la sépulture de catastrophe. Sans l'appui des sources historiques, qui n'apportent pas toujours ce renseignement et qui sont même parfois inexistantes, nous sommes contraints à estimer ce laps de temps d'une courte durée.

Au regard de ce que l'on a pu observer en 2004, à la suite du tsunami. Avec les moyens actuels, matériels et humains, il a fallu plusieurs mois à la communauté internationale pour inhumer la totalité des victimes. Le temps est également indissociable d'autres faits qui surviennent selon la nature de la crise. Notamment le nombre croissant de cadavres durant une épidémie liée à un haut-pathogène comme la peste, et la peur qu'elle suscite au sein de la population.

Durant le conflit de 1914-1918 le manque de temps, l'effet de précipitation et l'urgence impliquaient la réduction des cérémonies à des obsèques collectives, industrielles et à la chaîne (Capdevila *et al.*, 2002b).

L'effroi qui s'empare d'une communauté est perceptible à travers la position et l'orientation qu'arborent les corps retrouvés à Marseille ou à Martigues sur les sites d'inhumations des victimes de l'épidémie de 1720-1722. Mais la crainte de la contagion n'est pas un argument suffisant pour justifier la gestion funéraire comme nous avons pu le constater sur tous les autres sites en relation avec une épidémie de peste. A Venise très peu d'individus ont été jetés de la bordure des fosses par rapport aux sites provençaux, pour autant la peste semble avoir été toute aussi meurtrière dans cette ville. Le mode de remplissage nous permet d'approcher le contexte de la mise en place d'une sépulture et d'entrevoir ainsi le degré d'intensité de la crise et à quel niveau la population concernée a été touchée ou s'est sentie touchée. On jette sommairement les cadavres à l'issue d'un combat, ou d'un massacre de civils comme nous avons pu le constater sur les sites médiévaux de Wisby, de Valencia, et de Crow-Creeck. Cette gestion funéraire semble être également l'apanage des sépultures de catastrophe du XXe siècle, comme le montre les corps enchevêtrés retrouvés à Covarrubias en Espagne, à Vukovar, à Srebrenica en Bosnie-Herzégovine (Anonyme 40, 2003; Debra Komar, 2003; Peress, 2004; Physicians for Human Rights, 1996; Stover, 1997; Stover *et al.*, 1998), à Mazar-I-Sharif, en Afghanistan (Physicians for Human Rights, 2002b), à Koreme en Irak (Anonyme 58, 2004; Scott *et al.*, 1997b; Stover *et al.*, 2003)…

Sur tous ces sites c'est évidemment la grande variété des positions et des orientations des individus qui évoque au premier abord l'épisode catastrophique. Il faut cependant garder à l'esprit que la position en décubitus dorsal est prédominante sur l'ensemble des sites retenus dans notre *corpus*, mais une proportion plus ou moins importante de corps retrouvés en décubitus dorsal et en décubitus ventral, à l'exemple des sites de Vilnius (Figure 37) ou de Douai (Figure 38) où les modalités de remplissage sont différentes, semble objectiver la présence d'une sépulture de catastrophe. Il convient toutefois de garder à l'esprit que la position en décubitus ventral est absente sur certains sites comme aux Fédons ou à Snake Hill, par exemple.

Lorsque les corps suivent plusieurs orientations, comme sur le site de Siaures Miestelis à Vilnius (Figure 39), on peut affirmer la présence d'une sépulture de catastrophe. Néanmoins pour certains ensembles comme celui de la rue Martin-du-Nord (Figure 40), où les squelettes suivent régulièrement une même orientation Ouest-Est ou Est-Ouest, cela n'exclue pas non plus la présence d'une telle sépulture.

Sans aucun doute les corps des pestiférés comme ceux des civils massacrés, toutes périodes confondues, ont bien été amoncelés de façon similaire. Il convient cependant d'apporter une nuance à cette constatation, car on ne peut pas considérer selon la même échelle les attitudes devant la mort des populations frappées de plein fouet par une épidémie de peste, et celles qui sont en lien avec un massacre de population civile. Dans le premier cas, c'est la peur de la contagion, associée à l'urgence qui prédomine comme nous l'avons déjà évoqué. Dans le second cas de figure, il convient de rappeler qu'il ne s'agit pas nécessairement d'un contexte d'urgence mais à la fois d'une volonté de punir les rescapés et de priver les défunts d'une sépulture décente, d'un rite funéraire. Enfin il s'agit évidemment de masquer, *a minima* ou au mieux, les crimes commis et cela dans les plus brefs délais.

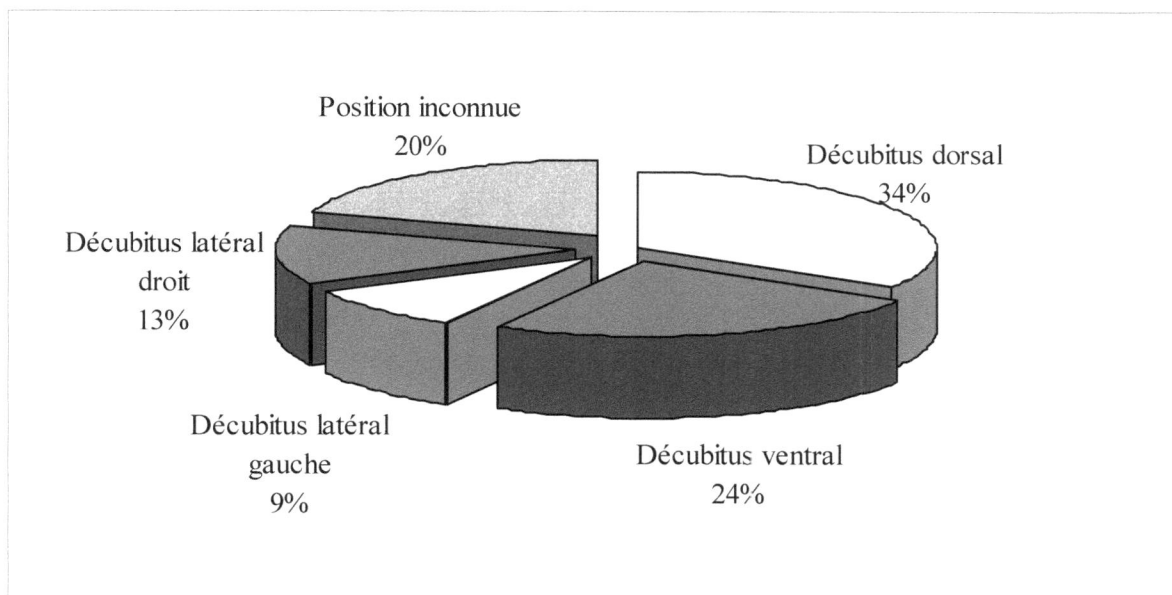

Figure 37: Répartition de la position d'inhumation des individus exhumés sur le site de Siaures Miestelis (Vilnius, Lituanie)

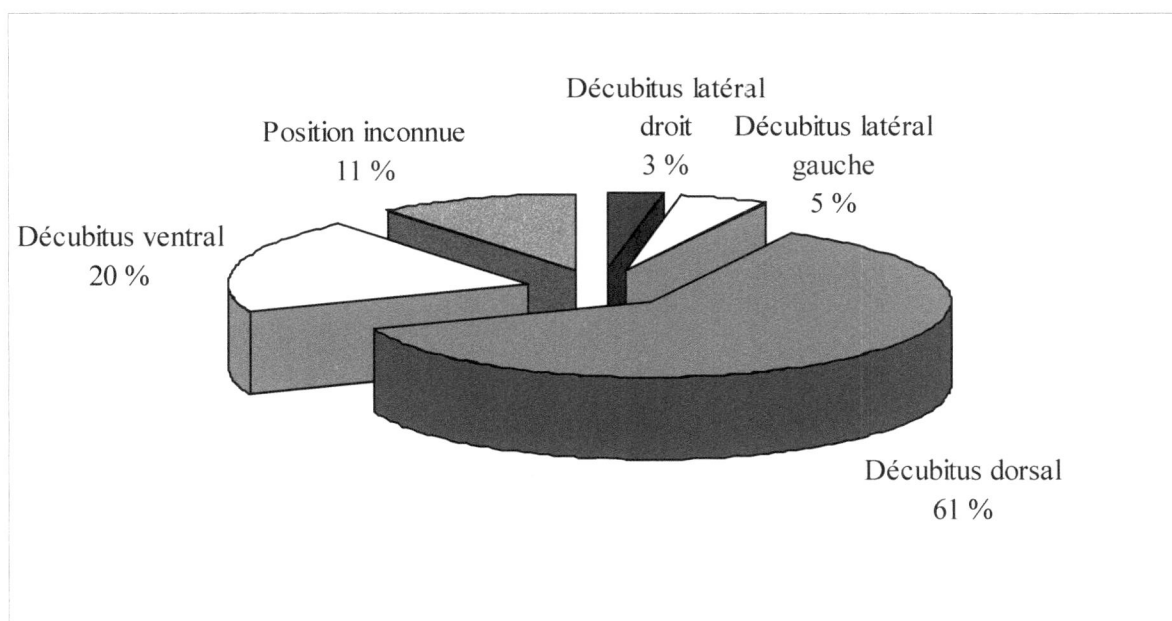

Figure 38: Répartition de la position d'inhumation des individus exhumés la rue Martin-du-Nord (Douai, France)

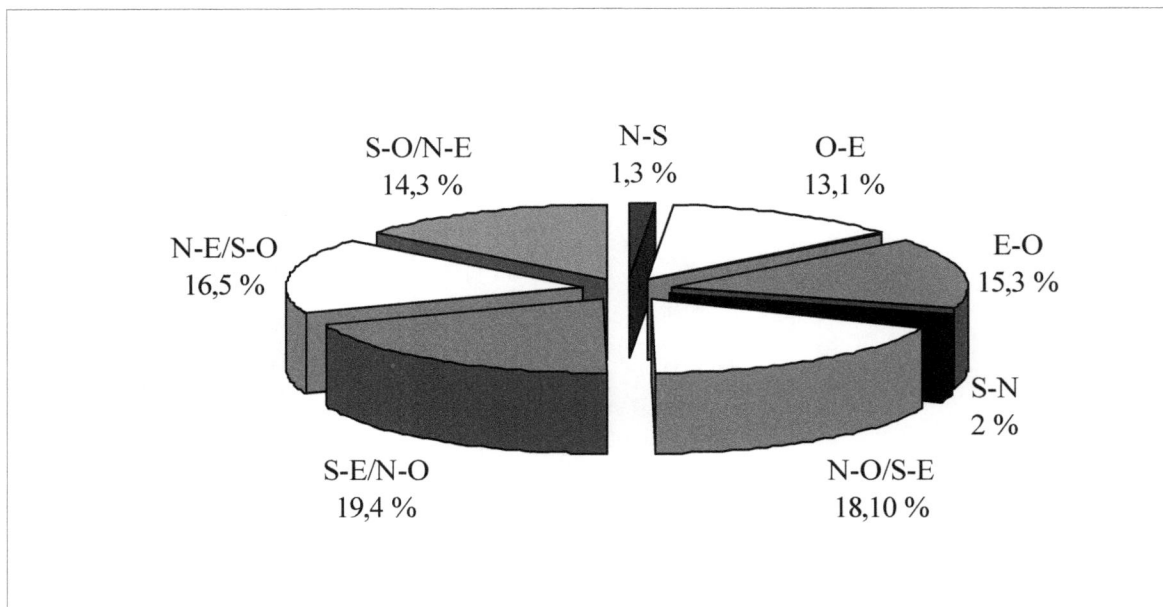

Figure 39: Répartition de l'orientation des individus exhumés sur le site de Siaures Miestelis (Vilnius, Lituanie)

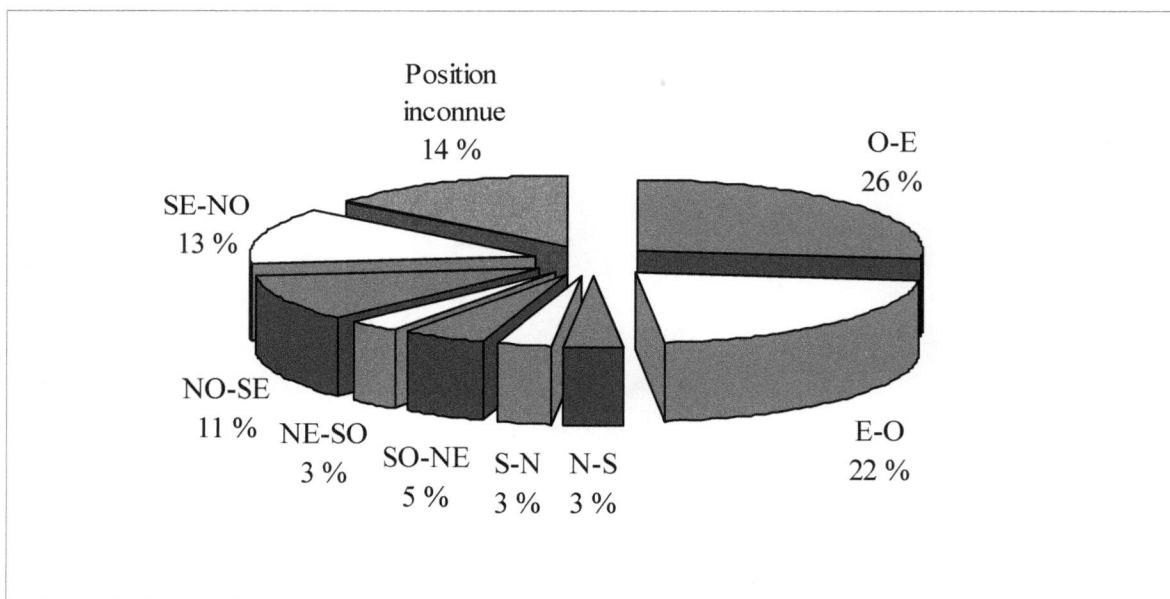

Figure 40: Répartition de l'orientation des individus exhumés sur le site de la rue Martin-Du-Nord (Douai, France)

En dehors de la position et de l'orientation des individus, l'étude de la modalité des dépôts des corps nous renseigne sur certains comportements sociaux. Sur le site de la place Camille Jouffray l'hypothèse d'un regroupement familial a pu être suggérée. La même présomption pèse sur les sépultures multiples (ou tout du moins certaines d'entre-elles) regroupant des individus adultes et immatures des cimetières des Fédons et de Lariey.

En ce qui concerne les sujets immatures, ces derniers bénéficient parfois d'un traitement funéraire singulier au sein des nécropoles (Buchet, 1997) et comme nous l'avons vu dans nos résultats, une place particulière leur est également parfois réservée au sein de la sépulture de catastrophe. Nous les retrouvons souvent dans les derniers dépôts, ou disposés dans les espaces libres entre les adultes. Ces observations ne concernent que les sépultures de catastrophe de notre *corpus* en relation avec une épidémie. Pourtant dans le cadre d'un massacre de population comme à Ustinovka (Ukraine), les modalités de dépôts offrent là aussi quelques particularités. En effet les individus adultes ont été inhumés en premier au sein de la fosse, et immédiatement recouverts de terre. Les enfants ont, quant à eux, tous été retrouvés dans les niveaux supérieurs de cette sépulture. Il semblerait qu'ils aient été ensevelis dans un second temps, après les adultes (Wright *et al.*, 2005). Les gestes funéraires accordés aux enfants sont variables d'un site à un autres, indépendamment de la nature de la crise. A Athènes, par exemple, face à l'hécatombe provoquée par l'épidémie de fièvre typhoïde à l'époque de Périclès, les rites funéraires n'ont pas été respectés pour les adultes qui ont été hâtivement précipités au sein d'une fosse. La présence d'inhumations d'immatures en amphore au sein de ce même charnier, nous permet d'évoquer avec beaucoup de réserves, une persistance des rites funéraires coutumiers en ce qui concerne les sujets immatures

(Baziotopoulou-Valavani, 2002). A l'inverse, l'absence d'offrandes, ou d'éléments de parures parait indiquer que les rites funéraires ont été transgressés.

L'absence de matériel n'est pourtant pas caractéristique des inhumations en relation avec une épidémie comme nous l'avons mentionné à travers les résultats précédemment présentés. Par ailleurs même si fréquemment cette lacune est attribuée à la présence d'une infirmerie ou d'un établissement hospitalier à proximité, il convient de rappeler le matériel retrouvé à Kaliningrad, à Snake Hill et à Monchy-Le-Preux. Les exemples de l'épidémie de peste pulmonaire en Manchourie en 1910 ou du tsunami en 2004, ne doivent pas faire oublier que même dans le cadre de mesures sanitaires, les victimes n'ont pas été systématiquement déshabillées avant d'être inhumées.

L'abondance du mobilier associé sur certaines sépultures de catastrophe d'origine militaire telles que celles de Wisby, de Siaures Miestelis ou de Kaliningrad invalide certaines idées reçues concernant la mort militaire ; les corps des soldats n'ont pas été dépouillés de leurs uniformes, de leurs chaussures, ou de leurs armes (Jauffret, 2002). Par contre sur les sites de la Première Guerre mondiale seul le matériel usagé accompagnait le défunt dans sa dernière demeure (donnes des exemples de ce matériel).

5. – QUELQUES REMARQUES SUR L'USAGE DE LA CHAUX

A notre connaissance, deux exemples archéologiques d'utilisation de chaux, antérieur à l'épidémie provençale de 1720-1722 sont, à ce jour, connus. Il s'agit d'un ensemble funéraire retrouvé à Pise, daté du milieu du XVe siècle (Mallegni *et al.*, 2001) et de la découverte de quatre sépultures à Draguignan contemporaines de l'épidémie de 1649-1650 (Dahy, 2001; Signoli *et al.*, 2001). Si cette dernière représente la mise en place concrète d'une mesure sanitaire, elle n'est cependant pas systématique, ni exclusive à la peste. Son utilisation est également attestée dans les archives historiques pour d'autres contextes. A la suite du massacre d'une soixantaine d'avignonnais les 16 et 17 octobre 1791, les corps furent jetés dans la tour de la Glacière puis on déversa de la chaux vive sur les dépouilles des victimes *(Moulinas, 2003)*. Les témoignages de la Première Guerre mondiale rapportent également le dépôt de chaux sur les cadavres gisants entre les lignes, pendant la nuit (Hardier *et al.*, 2004) mais d'autres désinfectants sont également utilisés comme l'hypochlorite, le sulfate ferreux, et le formol. On tentera dès le début du conflit de substituer à la chaux des produits comme le crésyl, les huiles lourdes de houille, le sulfate ferrique, l'huile de schiste ou l'huile résiduelle de goudron qui seront particulièrement recommandés pour leur action préventive contre les mouches et l'assainissement des champs de bataille (Bordas, 1915; Roubaud, 1915). En 1939, l'usage de la chaux est à nouveau préconisé par les autorités pour l'inhumation et l'assainissement des champs de bataille car elle permet semble-t-il de masquer les odeurs et d'empêcher l'accomplissement du travail des larves nécrophages sur les corps (Capdevila *et al.*, 2002a). Les témoignages relatant l'utilisation de la chaux au cours des deux conflits mondiaux sont abondants mais paradoxalement aucun dépôt n'a été décelé au sein des sépultures contemporaines de ces deux guerres.

Les découvertes récentes faites dans l'église de Notre-Dame de Bethléem à Remoulins (Guerre *et al.*, 2000) et à l'église Notre-Dame à La Charité-sur-Loire nous obligent à nuancer notre propos sur l'emploi de la chaux. En effet à Remoulins certaines sépultures, localisées à l'intérieur de l'édifice, étaient constituées de coffres en bois, remplis de chaux. Ces dernières semblent avoir été mises en place entre le XIVe et le XVIIe siècles, mais

malheureusement ces sépultures n'ont pas été fouillées. Parmi la centaine de tombes médiévales mises au jour à La Charité-sur-Loire, un individu a été retrouvé sous un dépôt de chaux. Dans un second temps cette même sépulture a également été recouverte d'un lit de charbon de bois (Billoin, 2003).

La chaux est utilisée dans un objectif prophylactique lors d'un contexte particulier : une épidémie ou un conflit armé. Sa présence peut donc être évocatrice d'un épisode catastrophique bien que l'on ait découvert son utilisation au sein de nécropoles médiévales plus traditionnelles, comme le montre les deux derniers exemples présentés. Il convient de rappeler que des sépultures de catastrophe peuvent également être mises en place au sein de cimetières paroissiaux, et que la chronologie de ces inhumations n'est à ce jour pas clairement définie.

6. - CONCLUSION SUR LES MODALITES FUNERAIRES DES SEPULTURES DE CATASTROPHE:

L'essentiel est de comprendre que la sépulture de catastrophe répond à une nécessité contextuelle et à un opportunisme et non à un rite funéraire. Nous n'avons donc pas d'évolution linéaire, ni de gestion funéraire homogène pour une période considérée, pour un évènement, ni même pour un site et ce malgré l'existence, dès le XVIIe siècle de documents officiels destinés à aider les autorités locales à gérer les conséquences d'une épidémie ou les autorités militaires à assainir une zone de combats.

Notre étude nous a permis de mettre en avant quelques principes sur les sépultures de catastrophe, qu'il nous parait important de présenter ici :

– le choix de la forme de la sépulture ne dépend pas du nombre de cadavres, ni de la crise rencontrée.

- le nombre de victimes n'influence en aucune manière le mode d'inhumation, pas plus que la nature de l'épisode catastrophique.

- le traitement du corps (orientation, position, absence ou présence de mobilier associé) ne fournit pas nécessairement des indices sur la nature de la crise.

- les rites funéraires coutumiers ne sont pas respectés. Ce dernier point doit être considéré comme une tendance générale plutôt que comme une règle.

Le caractère opportuniste de la sépulture de catastrophe nous semble être un élément clef dans la compréhension de ces ensembles funéraires, qu'il nous semble pertinent d'approfondir dans le futur de nos recherches.

7. - LA SIMULTANEITE DES DEPOTS : UN ARGUMENT IRREFUTABLE ?

L'évidence archéologique de la simultanéité des dépôts primaires peut se retrouver dépourvue face aux nouvelles observations faites sur le terrain dans un cadre médico-légal. Les fouilles récentes menées dans un cadre juridique ont pu mettre en évidence la présence de charniers secondaires dans le cadre du conflit des Balkans (Jessee, 2003; Jessee et al., 2005; Skinner et al., 2001). A l'annonce de la venue d'experts mandatés par le Tribunal Pénal International, les charniers sont parfois "déplacés". Au cours de cette opération les corps peuvent être démembrés pour faciliter leur transport ; les dépouilles sont ensuite réinhumées dans une fosse en pleine terre, similaire à leur première sépulture. Grâce aux artéfacts en place retrouvés sur les lieux de l'exécution (les résidus de tissus, de sang, les douilles, les balles…), proches de la première inhumation, il a été possible de déterminer et de distinguer un charnier primaire d'un charnier secondaire : le charnier secondaire de Liplje, celui de Petkovici Dam en Yougoslavie (Jessee, 2003), ou celui d'Ovcara en Croatie (Peress, 2004; Stover,

1997; Strinovic et al., 1994) où les corps ont été grossièrement démembrés avant d'avoir été transportés. Ces observations récentes permettent de reconsidérer la sépulture de catastrophe, mais elle pose également une limite à l'interprétation des faits archéo-anthropologique. Il semble en effet particulièrement difficile de pouvoir identifier une sépulture de catastrophe face à des dépôts secondaires, en l'absence de sources textuelles pour valider ou invalider le fait. La simultanéité est souvent invoquée comme élément essentiel pour diagnostiquer la sépulture de catastrophe : nous ne réfutons pas ici cet argument mais les éléments nouveaux apportés par l'anthropologie médico-légale permettent d'élargir notre champ de réflexion.

En outre ce type d'observations permet de remettre en question les conclusions souvent fréquentes établies sur les ensembles datés de la Préhistoire et de la Protohistoire. Ce nouvel élément nous permet ainsi de soulever le problème des sépultures collectives. Comment qualifier ces groupes d'individus en connexion, déposés parfois simultanément au sein de ces ensembles sépulcraux, qui ont de toute évidence succombé à un ou plusieurs épisodes belliqueux comme au sein de l'hypogée des Crottes à Roaix (Beyneix, 2003; Bouville, 1982, 1995; Courtin, 1984; Devriendt, 2004). Si l'épisode catastrophique est toujours débattu pour ce site, les préhistoriens semblent attribuer aisément, sans plus d'argumentation, l'hypothèse d'un massacre de population pour les sites de Schletz et de Thaleim (Bahn, 1996; Beyneix, 2003; Teschler-Nicola et al., 1999). Dans ces deux cas, les corps des victimes ont été inhumés à part, au sein d'une fosse ou d'un fossé de fortification. A Schletz, les cadavres ont, comme à Crow-Creek, étaient laissés tels quels sur les lieux de l'exécution avant d'être précipités au sein d'un fossé de fortification. A Thaleim, certains individus ont à priori été retrouvés en connexion (Beyneix, 2003). L'acceptation d'un épisode catastrophique à Thaleim et à Schletz repose essentiellement sur le fait que les victimes ont été inhumées au sein d'un lieu opportun et non au sein d'une nécropole traditionnelle.

Il semble inconcevable pour grand nombre d'auteurs que l'on puisse user des mêmes rites funéraires pour un groupe d'individus morts au combat (Devriendt, 2004; Devriendt *et al.*, 2006). Les recherches conduites récemment sur les squelettes de Roaix montre que les lésions traumatiques relevés sur les squelettes exhumés de la couche archéologique dite "couche de guerre" n'ont pas provoqué la mort des sujets. De nombreuses similitudes ont également été mises en évidence entre les profils paléodémographiques de l'hypogée des Boileau, contemporain et géographiquement proche de celui de Roaix, alors qu'aucune évidence de dépôt simultané n'a été constaté en son sein (Devriendt, 2004). Ces derniers résultats n'expliquent cependant pas cependant la présence d'individus en connexion, déposés simultanément au sein d'une sépulture collective. D'autant que les positions des individus retrouvés dans ce niveau présentent de nombreuses similitudes avec celles que nous avons retrouvées au sein des sépultures de catastrophe : les corps ont souvent été déposés tête-bêche, les immatures ont été placés dans les espaces libres, entre les adultes, parfois même entre les jambes de ces derniers (Bouville, 1982; Courtin, 1984).

La découverte de charniers secondaires engendre de nouvelles problématiques, et restreint les différences entre les sépultures de catastrophe et les sépultures collectives que les anthropologues ont peut-être trop hâtivement départagées en se basant sur la seule simultanéité des dépôts. Elle rend également plus complexe la distinction entre la fosse commune et le charnier. Certains auteurs assimilent le fonctionnement d'une sépulture collective à celui d'une fosse commune (Devriendt, 2004) mais, à notre connaissance, aucun exemple archéologique de fosse commune tel que la considèrent P. Ariès et M. Vovelle (Ariès, 1975, 1977b, a, 1983; Vovelle, 1974, 1983, 1993), n'a été

mis au jour au sein d'un cimetière pour les périodes historiques. La compréhension de ces ensembles funéraires, qu'ils soient collectifs ou catastrophiques est loin d'être achevée, et le débat est semble-t-il loin d'être épuisé.

Par ailleurs, établir une distinction entre les victimes d'un conflit et celles d'un sacrifice semblent également ténues à l'exemple des deux ensembles funéraires retrouvés rue Baudimont à Arras (Blondiaux, 1990, 1991). L'attribution à des fosses rituelles, ou à un contexte sacrificiel est souvent proposée pour expliquer, d'une part les traces de découpe et les lésions traumatiques observées sur les restes osseux et, d'autre part l'absence ou la présence de connexions. Mais le terme de "charnier" est lui aussi employé pour désigner certains ensembles interprétés comme des lieux de sacrifice, à l'exemple du site de Ribemont-sur-Ancre (Brunaux, 2000; Brunaux *et al.*, 1999). Face aux éléments d'armement retrouvés associés aux corps démembrés de guerriers au sein de fossés de fortification, c'est également l'aspect rituel qui est avancé en explication, sur la base de l'unique témoignage de Jules César. La découverte de dépôts simultanés pour ces périodes chronologiques n'ébranle en rien l'hypothèse d'un rite funéraire. Pour les sépultures doubles et multiples de la nécropole prédynastique d'Aïdama en Egypte, c'est le contexte sacrificiel qui a été favorisé en raison des similitudes observées dans la gestion funéraire avec d'autres sites contemporains (Crubezy *et al.*, 2002; Crubezy *et al.*, 2000; Ludes *et al.*, 2000). A Gondole (Auvergne), le dépôt des corps au sein de la fosse permet, d'après les responsables de la fouille d'exclure l'hypothèse d'une sépulture de catastrophe, préférant privilégier celle d'une mise en scène funéraire résultant de pratiques encore mal connues (Barthelemy, 2002; Cabezuelo, 2003).

Pourtant il semble difficile de ne pas songer à l'agencement des bras des Grimsby Chums à la Zac Actiparc d'Arras. La présence de chevaux au sein des sépultures, associée à l'absence de lésions traumatiques *perimortem* est également invoquée. A l'inverse, la même hypothèse semble privilégiée pour les sites de Lyon-Vaise (Billard, 1991), et de Cliffs End Farm en Angleterre. Il s'agit là aussi de dépôts simultanés mais les squelettes présentaient tous des pathologies traumatiques. Il convient également d'évoquer pour dernier exemple la présence de connexions partielles attribuées à un démembrement des victimes, au cours d'un sacrifice. Nous rappellerons à cette occasion les nombreuses connexions partielles découvertes sur les lignes de front de 1914-1918 dans le nord de la France.

A Regensburg-Harting en Allemagne (King, 1992) les dépôts secondaires ont été assimilés à une fosse rituelle germanique, comme à Polacca Wash aux Etats-Unis (Turner *et al.*, 1970) où le scalpage et le démembrement sont, dans ce cas représentatifs d'un rituel indien.

L'interprétation semble donc complexe pour ces ensembles funéraires qui s'insèrent entre le Ier siècle avant J.-C. et les IVe-Ve siècles. Ces difficultés d'appréciation se posent toujours dans le cadre des populations du passé dépourvues de témoignages écrits. En l'absence de sources textuelles, il semblerait que les interprétations proposées ne puissent jamais dépasser le stade de l'hypothèse, et très rapidement c'est le contexte sacrificiel ou la dénomination de fosse rituelle qui s'impose. Pour cette période, où les sources écrites sont désuètes, nous avons l'impression que c'est finalement le rituel funéraire qui amène à la constitution d'une sépulture de catastrophe. À l'inverse, pour les périodes historiques qui bénéficient d'une documentation plus abondante, c'est l'abandon du rite funéraire qui conduit à la mise en place d'un ensemble de catastrophe.

Enfin les difficultés d'interprétation inhérentes à la présence de dépôts secondaires sont particulièrement liées aux épisodes belliqueux. Il faut également garder à l'esprit que les aléas de la guerre, et des conflits en général, ont souvent conduit à l'abandon des dépouilles des soldats ou des victimes là où s'est déroulé le drame (combat ou massacre), parfois volontairement ou négligemment, mais surtout en raison de la mobilité rapide des armées et de l'insécurité ambiante. Ces pratiques sont donc attestées par des sources textuelles dès l'Antiquité. A l'issue de la bataille de Varus (Allemagne) par exemple les corps des soldats furent réinhumés au sein de six fosses, des années plus tard lors du passage de l'Empereur Germanicus. Les interprétations archéologiques furent limités en raison des ossements épars, très fragmentaires et en position secondaire qui furent mis en évidence (Wilbers-Rost, 1992, 2003, 2004). Ne peut-on pas alors envisager un même scénario pour la sépulture tardo-antique de Reichstett-Mundolsheim (Blaizot, 1998) retrouvée à l'intérieur de l'enceinte d'un camp romain où la nature de la crise est toujours incertaine.

Nous ne reviendrons pas sur les sites nombreux que nous avons précédemment énoncés dans le deuxième chapitre de ce travail où l'abandon des dépouilles des soldats sur les champs de bataille à Aljubarrotta au Portugal (Cunha *et al.*, 1997) et à Little Bighorn (Scott, 2000; Scott *et al.*, 1997a; Scott *et al.*, 1998; Spencer, 1983; Willey *et al.*, 1996, 1999) a réduit les observations des anthropologues. Comme le relatent de nombreux textes des campagnes de l'Empire, les dépouilles des soldats étaient quelques fois laissés à l'abandon sur les champs de bataille, en raison de la rapidité du déplacement des troupes, comme pour la campagne de France de 1814 (Migliorini *et al.*, 2002). Citons également l'exemple de la bataille de la Moscowa (Suckow, 2001) où les corps des soldats de la Grande Armée furent rapidement inhumés, mais où les dépouilles des soldats russes furent laissées bien en vue (sur ordre de l'Empereur Napoléon Ier) durant plusieurs semaines afin de marquer les esprits des jeunes recrues françaises se dirigeant en renfort vers la capitale russe et devant obligatoirement traverser le champ de bataille. Les batailles de Tolentino, de Wagram et de Vittoria n'ont d'ailleurs laissé comme vestiges que des dépôts secondaires d'ossements (Rollo, 1999 ; Horackova et *al.*, 1999). Pendant la Première Guerre mondiale c'est la nature même des combats, surtout pendant les attaques où les pilonnages d'artillerie atteignaient leur paroxysme, qui provoqua l'abandon des victimes dans le *no man's land* (Hardier *et al.*, 2004).

Aujourd'hui si les dépôts secondaires sont clairement identifiés, il parait évident que la constitution et l'interprétation de ces dépôts, comme celle des dépôts simultanés, comportent donc encore de nombreuses zones d'ombre.

CONCLUSION

L'approche anthropologique que nous avons donnée à notre travail a permis de poser un regard original sur les sépultures de catastrophe. Ces dernières participent de manière fondamentale à la compréhension d'évènements de nature très diverse (conflits armés, massacres, catastrophe naturelles, épidémies) qui ont fortement influencés les populations du passé.

Dans le cadre de notre recherche, qui était basée essentiellement sur l'exploitation des données de terrain, nous avons finalement été confrontés à de véritables charniers. Bien que les juristes et les scientifiques n'aient pas encore statuer sur ce terme, il nous parait évident ne serait-ce qu'à partir des données iconographiques, mais également à partir de l'étude des modalités de remplissage et de la gestion funéraire des sites étudiés, de pouvoir légitimement donner l'appellation de charnier, en utilisant son sens actuel, aux sépultures de catastrophe fouillées dans un cadre archéo-anthropologique comme dans un cadre médico-légal. En revanche la dénomination de fosse commune pour ces sites semble plus hasardeuse si l'on s'en réfère aux différentes définitions issues de la littérature et énoncées dans le premier chapitre de notre travail. Aucun exemple de fosse commune n'a été découvert à ce jour, et les ensembles de catastrophe étudiés ne semblent pas conformes aux usages civils réservées aux petites gens décris par M. Vovelle et P. Ariès. Il ne s'agit pas ici de remettre en question ces ouvrages pionniers dans l'approche de la gestion funéraire des populations du passé mais d'inciter à mener d'autres investigations sur des sites d'inhumations, ainsi que des recherches en archives historiques dans le cadre de cette réflexion. Résoudre ces problèmes d'identifications est une voie de recherche qui nous semble important de développer dans le futur afin d'affiner notre interprétation des pratiques funéraires. A cette fin l'approche simultanée sur les archives biologiques et sur les archives historiques est réellement fondamentale. Le résultat majeur mis en évidence par notre recherche doctorale, indique que la perception de la mort et la gestion des décès varient indépendamment de l'intensité de la crise de mortalité et de la nature de celle-ci. De ce point de vue, la sépulture de catastrophe reflète un traitement original, différent de la gestion des décès "ordinaires". L'opportunisme et le "caractère multiforme" de la sépulture de catastrophe permettent ainsi d'appréhender les attitudes des populations touchées face à une mort brutale, massive que les populations du passé subissent quasiment toujours comme un châtiment.

L'ensemble de ces sépultures de catastrophe ne répond à aucune logique, et encore moins à la mise en pratique d'un rituel. Les exemples plus récents, tels ceux du conflit des Balkans ou du tsunami de 2004 confortent cette hypothèse. La constitution d'une sépulture de catastrophe, que ce soit au niveau de l'emplacement choisi, du mode de remplissage utilisé, ou de la gestion funéraire, est le résultat d'un opportunisme aux origines plurifactorielles. A partir des résultats obtenus, nous avons pu mieux distinguer les différentes caractéristiques d'une sépulture de catastrophe, mais il sera nécessaire d'affiner et de statuer sur certaines d'entre elles. Le nombre de victimes n'est pas un caractère suffisant, ni opérant dans l'établissement d'une sépulture de catastrophe. Le traitement réservé aux défunts est souvent un indice assez fiable, toutefois il ne fait parfois qu'accentuer l'ambiguïté déjà présente avec le nombre d'individus inhumés.

Il est communément admis que les sépultures de catastrophe sont utilisées dans un laps de temps très court. Pour autant, cette durée est très difficile à mesurer à partir de l'observation des faits archéologiques. La complémentarité des archives historiques et des archives biologiques apparaît alors comme une évidence, pour combler cette lacune. Nous rappellerons ici à titre d'exemples les études menées sur le cimetière des Fédons, sur le couvent de l'Observance, sur les sites de Towton ou de Wisby où les sources écrites ont joué un rôle dans la délimitation du cadre temporel mais aussi dans l'identification de l'évènement catastrophique. Les analyses en paléo-immunologie et/ou de biologie moléculaire contribuent également à reconnaître l'agent causal, à apporter une confirmation sur des sites ou les archives historiques étaient déjà précises (la fosse de l'Observance, la fosse de Vilnius,…) ou une identification sur des sites plus anciens (Saint-Pierre de Dreux, le Clos des Cordeliers à Sens, Saint-Côme et Damien à Montpellier, place Camille Jouffray à Vienne). Les études précédemment menées sur des sépultures de catastrophe en relation avec les épidémies du passé ont déjà démontrées tout l'intérêt de confronter les archives biologiques aux archives historiques. Etendre cette approche paléodémographique à d'autres crises de mortalité permettrait de mesurer l'impact d'un épisode catastrophique sur la population touchée afin de mesurer si la gestion funéraire qui en découle est à la hauteur de la mortalité engendrée et d'appréhender le recrutement de ces sépultures. Bien que les données soient rares et difficiles à obtenir simultanément au niveau biologique et historique pour un même contexte, il conviendrait de se pencher sur ce que fut la gestion funéraire des crises démographiques liées à d'autres haut-pathogènes (variole, choléra…) ou à d'autres causes (catastrophes naturelles…). Les études entreprises dans le cadre de l'anthropologie médico-légale permettent une nouvelle approche de ces sépultures et offre ainsi de nouvelles perspectives de recherche notamment en ce qui concerne l'espace de décomposition particulier des sépultures de catastrophe et ses implications en archéothanatologie. La notion de simultanéité est à présent sujette à caution, il importe que les anthropologues apportent une attention particulière aux différents types de dépôts tout en n'excluant aucune hypothèse.

Nous avons choisi de mener une étude exhaustive et diachronique, car cette recherche constitue la première réflexion générale menée sur les sépultures de catastrophe. Au regard de la chronologie parcourue nous n'avons perçu aucune modification des sépultures de catastrophe, notamment dans leur mise en place, liée à l'évolution technologique et industrielle des sociétés. La seule influence perceptible qui laisse présager des changements au niveau de la morphologie et de la constitution de la sépulture de catastrophe serait peut-être celle des moyens mis en œuvre actuellement pour tenter de la dissimuler. Il nous faudra donc envisager ce paramètre, dans le cadre de nos recherches futures afin de déterminer si celui-ci s'avère particulièrement influant dans la gestion funéraire des populations.

De nombreux projets pourront s'élaborer dans le cadre des problématiques que nous avons pu évoquées au cours de notre travail car de nombreuses questions n'ont pu encore trouver de réponses. La plus essentielle étant : comment définir et diagnostiquer une sépulture de catastrophe ? La grande variété des situations rencontrées motive en effet cette interrogation. La définition retenue au commencement de cette recherche nous semble à présent bien incomplète, si l'on considère les nombreux facteurs qui interfèrent dans l'établissement d'une sépulture de catastrophe. Il n'existe pas un type de sépulture de catastrophe mais une pluralité de types et c'est en cela que définir la sépulture de catastrophe s'annonce comme un pari difficile. Néanmoins au vue des éléments approchés dans notre étude, nous pouvons proposer : *" L'inhumation en un même lieu d'au moins deux individus décédés à la suite d'un évènement brutal et similaire et qui a engendré une mortalité anormale au sein du groupe d'individus concerné."*

BIBLIOGRAPHIE

ABOUDHARAM G., M. DRANCOURT, O. DUTOUR, H. MARTIN, D. RAOULT, et M. SIGNOLI

2005 Validation de la saisonnalité des décès et authenticité biologique de la nature de l'épidémie. In: B. BIZOT, D. CASTEX, P. REYNAUD et M. SIGNOLI (eds.), La saison d'une peste (avril-septembre 1590). Le cimetière des Fédons à Lambesc (Bouches-du-Rhône); pp. 63-67, Paris: CNRS Editions.

ACOTTO J., S. BELLO, C. BOUTTEVIN, D. CASTEX, H. DUDAY, O. DUTOUR, N. MOREAU, M. PANUEL, P. REYNAUD, et M. SIGNOLI

2005 Des données archéologiques et anthropologiques aux interprétations. In: B. BIZOT, D. CASTEX, P. REYNAUD et M. SIGNOLI (eds.), La saison d'une peste (avril-septembre 1590). Le cimetière des Fédons à Lambesc (Bouches-du-Rhône); pp. 37-62, Paris: CNRS Editions.

ADALIAN P., M. SIGNOLI, L. LALYS, Y. ARDAGNA, M.-D. PIERCECCHI-MARTI, O. DUTOUR, et G. LEONETTI

2002 Intérêt de la présence d'une équipe spécialisée pour la levée de corps en anthropologie médico-légale. *Journal de Médecine Légale Droit Médical* 45: 375-377.

ADAM F.

1992 La fouille. *Les nouvelles de l'archéologie* 48/49: 58.

—

1999 L'archéologie et la grande guerre. *14-18 Aujourd'hui, Revue annuelle d'histoire* 2: 29-35.

—

2006 Alain-Fournier et ses compagnons d'arme. Une archéologie de la Grande Guerre, Metz: Editions Serpenoise, pp. 219.

ADAM F., F. BOURA, et H. DUDAY

1992 La fouille de Saint-Rémy-La-Calonne : une opération d'archéologie funéraire expérimentale, ou l'anthropologie de terrain en quête de ses références. *Les nouvelles de l'archéologie* 48/49: 59-61.

AKCAM T.

2004 La Turquie hantée par le génocide arménien. *Manière de voir. Le monde diplomatique* 76: 67-71.

ALEXANDRE-BIDON D.

1998 La mort au Moyen-Age, XIIIe-XVIe siècle, Paris: Hachette Littérature, pp. 330.

ANDERSON J. E.

1968 Late paleolithic skeletal remains from Nubia. In: F. WENDORF (ed.), The Prehistory of Nubia; pp. 996-1040, Dallas: SMU Press.

ANONYME 4

1904 Découverte de vestiges du corps d'occupation de Bonaparte, Le Petit Parisien; pp. 174. Paris.

ANONYME 5

1912 La peste à Laon et à Vailly au XVIIe siècle et en Mandchourie en 1910, Reims: Imprimerie Matot-Braine.

ANONYME 8

1993 L'exposition de la fosse commune des forçats, http://www.kultur.gov.tr/portal/arkeoloji_fr.asp?belgeno=6220.

ANONYME 10

1995 Il Vesuvio, la storia, http://www.marketplace.it/vesuvio/belsito.htm.

ANONYME 12

2002 Découverte d'une fosse commune près de Saint-Petersbourg, http://www.russie.tv.

ANONYME 13

1999 Le charnier de Signes, http:/www.stratisc.org.

ANONYME 15

1999 Liste des charniers connus, http://www.guinee.net/pressrtv/lynx/courants/399/charniersFosses.html.

ANONYME 16

2000 Bulletin n°59 : Point sur la situation en Turquie. Les charniers du Hizbullah, http://www.institutkurde.org/.

ANONYME 17

2000 Archaeologists to search for mass graves from 1921 Tulsa riot, http://www.cnn.com.

ANONYME 21

2001 Une fosse commune datant des années 40 découverte au Viêt Nam, http://perso.wanadoo.fr/patrick.guenin/cantho/infovn/fosse.htm.

ANONYME 23

2002 Nouveau charnier découvert à Grozny, http://radio-canada.ca/nouvelles/international/nouvelles/.

ANONYME 24

2002 Une deuxième guerre qui n'en finit pas, http://www.liberation.fr/.

ANONYME 25

2002 Saint-Petersbourg : découverte de fosses communes staliniennes, http://www.confidentiel.firstream.net/.

ANONYME 27

2002 Découverte de 14 corps dans un charnier de l'est de la Croatie, http://www.cyberpresse.ca/reseau/monde/0203/mon_102030079319.html.

ANONYME 30

2002 L'hygiène publique urbaine, http://www..balde.net/formations/admin.cours/admin1.3_2hygiene.html.

ANONYME 35

2002 Mass belarus WW II grave uncovered, http://.www.chinadaily.com.cn/en/doc/2002-10/31/content_141856.htm.

ANONYME 39

2003 Tchétchénie. La "normalisation" : un discours de dupe, http://www.fidh.org/.

ANONYME 40

2003 Mass graves at Vukovar, http://www.mnsu.edu/emuseum/archaeology/sites/europe/mass_graves.html.

ANONYME 41

2003 Indre (36) - Issoudun, centre de l'image et du multimédia, http://www-afan.montaigne.u-bordeaux.fr/actua/cif.html.

ANONYME 43

2003 De la guerre des Gaules à la bataille d'Arras (Pas-de-Calais), http://www-afan.montaigne.u-bordeaux.fr/decouv/arras/arras.html.

ANONYME 47

2003 Découvertes de fosses communes en Irak, http://www2.canoe.com/infos/lemonde/irak/archives/2003/05/20030504-161229.html.

ANONYME 48

2003 Mass Graves of Iraq: Uncovering Atrocities, http://www.state.gov/g/drl/rls/27000.htm.

ANONYME 49

2003 Disposal of dead bodies in emergency conditions, http://.wwwwho.int/.../_hygiene/envsan/tn08/en/.

ANONYME 50

2003 Die Runnenarbeit am Seminar für deutsche Philologie (ehemals Arbeitsstelle : Germanische Altertumskunde), Göttingen, http://ariadne.uio.no/runenews/nor_2003/germ02kd.htm.

ANONYME 51

2004 The Crow Creek massacre, http://www.nebraskastudies.org/0200/stories/0201_0122.html.

ANONYME 56

2004 Deux siècles après leur mort, des soldats napoléoniens enterrés à Erfurt., http://wwwarcheophilecom/forum/RVVmessage4540.htm.

ANONYME 58

2004 Widow studying mass gravesite found in Koreme, http://www.daylightmagazine.org/artists/meiselas/02.php.

ANONYME 64

2005 1348. La première grande offensive de la peste, http://service.bretagne.com/supplements/histoires_bretagne/1348.htm.

ANONYME 66

2005 La peste de1630, http://www.comune.lassale.ao.it/cultura/peste.fr.php.

ANONYME 69

2005 D'autres charniers pourraient être découverts dans la Békaa et à Tripoli, http://reminiscor.blogspot.com/2005/12/dautres-charniers-pourraient-tre.html.

ANONYME 70
2005 Archaeologists play key role in Iraq, http://archaeology.about.com/gi/dynamic/off site.htm?site=http://news.bbc.co.uk/2/hi/mid dle%5Feast/3378931.stm.

ANONYME 73
2005 Pestfriedhof in Stadtpfarrkirche gefunden, http://salzburg.orf.at/stories/60864/.

ANONYME 76
2002 Le cimetière rural au XIXe siècle. Un espace en mutation, http://www.19e.org/articles/cimetiere1/page2 .htm.

ANONYME 77
2003 Découverte d'un charnier humain contenant les restes de 5 000 moines, http://eglasie.mepasie.org/1991/novembre/m ongolie/120/breve6_1/.

ANONYME 80
2005 Les principaux séismes dans le monde depuis quinze ans.

ANONYME 81
2001 14th Century Norwich, www.norfolkesinet.org.uk/pages/viewpage.a sp?u....

ANONYME 82
2005 The peat cutting industry in Broadland, www.bbc.co.uk/.../norfolk/article_5.shtml.

ANONYME 83
2003 Guatemala's mass graves ignored by mass media, http://www.wsws.org/articles/2003/jul2003/g uat-j02.shtml.

ANONYME 84
1995 Massacre de réfugiés rwandais au Burundi, http://www.burundi-sites.com/agnews_fosse.htm.

ANONYME 85
2003 La Fosse Commune de Dumlu à Erzurum, http://www.armenianreality.com/francais/ma ssacres_anatolie/la_fosse_commune_de_sub atan_a_kars.htm.

ANONYME 86
2003 Les fouilles des fosses communes de Kars-Subatan, http://www.ermenisorunu.gen.tr/francais/mas sacres/kars.html.

ARDAGNA Y., O. DUTOUR, M. SIGNOLI, et T. VETTE
sous presse La campagne de Russie, Wilna 1812. Découverte d'un charnier de la Grande Armée de Napoléon, Paris: Librairie historique Tessedre.

ARIES P.
1975 Essais sur l'histoire de la mort en Occident du Moyen Age à nos jours, Paris: Editions du Seuil, pp. 223.

—
1977a L'homme devant la mort. *1. Le temps des gisants*, Paris: Editions du Seuil (Points Histoire, pp. 304.

—
1977b L'homme devant la mort. *2. La mort ensauvagée*, Paris: Editions du Seuil, pp. 343.

—
1983 Images de l'homme devant la mort, Paris: Seuil, pp. 276.

ARLAUD C., A. DUMONT, et L. STANIASZEK
1997 Montpellier : Saints Côme et Damien. *Bilan Scientifique, SRA, DRAC Languedoc-Roussillon*: 100-101.

AZZARO C.
2003 Archéologie-sépulture / Les pestiférés d'Issoudun : macabre trésor découvert dans un cimetière, http://www.archeographe.net/.

BAHN P. G.
1996 Tombs, graves, and mummies, London: Phoenix Illustrated, pp. 213.

—
2003 Written in bones, New-York: Firefly Book, pp. 191.

BADIN DE MONTJOYE A.
1993 Les fouilles de l'ancien évéché de Grenoble. Document Final de Synthèse de sauvetage urgent. Campagne de 1992. Grenoble: Centre d'Archéologie, Conservation du Patrimoine de l'Isère.

—
1996 Les fouilles de l'ancien évéché de Grenoble. Document Final de Synthèse de sauvetage urgent. Campagnes 1993, 1994, 1995. Grenoble: Centre d'Archéologie, Conservation du Patrimoine de l'Isère.

BARAN E., et R. MADRO
1993 Investigations of Polish officers graves in Starobielsk-medico-legal report of exhumation in Kharkov. *Arch. Med. Sad. i Krym.* 43: 1.

BARON PERCY
1986 Journal des campagnes, Paris: Tallandier, pp. 537.

BARTHELEMY P.
2002 Les cavaliers de Gondole, http://bretagne-passion.forumactif.com/ftopic820.Decouverte-de-huit-cavaliers-gaulois-et-de-leur-chevaux.htm.

BAUCHERON F., F. GABAYET, et A. BALDIN DE MONTJOYE
1995 Le groupe épiscopal du Haut Moyen Âge. In: F. BAUCHERON, F. GABAYET et A. BALDIN DE MONTJOYE (eds.), Autour du groupe épiscopal de Grenoble. Deux millénaires d'histoire; pp. 105-117, Grenoble: Documents d'Archéologie en Rhône-Alpes.

BAZIOTOPOULOU-VALAVANI E.
2002 A mass burial from the cemetery of Kerameikos. In: M. STAMATOPOULOU et M. YEROULANOU (eds.), Excavating classical culture. Recent archaeological discoveries in Greece; pp. 187-201, London: Acheopress, BAR International Series 1031.

BEAUMONT T.
2001 Years of pestilence. *British Archaeology* 61: 1-4.

BELLARI G.
1993 Pour une archéologie moderne et contemporaine : à propos d'Alain-Fournier et de la grande guerre. *Les nouvelles de l'archéologie* 52: 31-32.

BELOT E.
1995 Boulogne-sur-Mer. Ilôt Saint-Louis. Opération archéologique préalable à l'emménagement du parking de l'université du littoral (1994-1995). Bilan des recherches.

BENYOUNES L.
2000 L'énigme des charniers, http://www.algeria-watch.de/mrv/mrvdisp/charniers.htm.

BERANGER-BADEL A.
2005 Caracalla et le massacre des Alexandrins : entre histoire et légende noire. In: D. EL KENZ (ed.), Le massacre, objet d'histoire; pp. 121-139, Paris: Gallimard. Collection Folio Histoire, 138.

BEYNEIX A.
2003 Traditions funéraires néolithiques en France méridionale, 6000-2200 avant J.-C.: Editions Errance, pp. 320.

BIANUCCI R., CHANTEAU S., RAHALISON L., SAVOIA D., SIGNOLI M., RABINO MASSA E.
Sous presse Utilisation du Rapid Diagnostic Test pour la détection de Yersinia pestis dans les restes humains anciens : résultats préliminaires. In: SIGNOLI M., CHEVE D., ADALIAN P., BOËTSCH G., DUTOUR O. (ed.), La Peste : entre épidémies et sociétés, Actes du colloque ICEPID 4, 23-26 juillet 2001, Firenze: Erga edizioni.

BIELMAN A., H. BREM, et B. HEDINGER
2005 Sécurité-Insécurité. *La Suisse du Paleolithique à l'aube du Moyen-Age* 5: 299-305.

BIGAZZI R., R. CRISAFULLI, L. LAZZERINI, et G. TARTARELLI
2002a Le vittime dell'epidemia di colera del 1837 : note di biologia scheletrica. In: B. CHIARELLI, R. BIGAZZI et L. SINEO (eds.), Alia, antropologia di una comunita dell'entroterra siciliano; pp. 14-20, Firenze: Firenze University Press, Medical Books.

BIGAZZI R., X. TORRES JOERGES, S. TULUMELLO, et S. DE IASIO
2002b Analisi demografica delle crisi di mortalita : l'epidemia di colera del 1837. In: B. CHIARELLI, R. BIGAZZI et L. SINEO (eds.), Alia, antropologia di una comunità dell'entroterra siciliano; pp. 37-42, Firenze: Firenze University Press, Medical Books.

BILLARD M.
1991 Violent traumatic injuries on human skeletal remains buried with horses in a Gallo-Roman collective grave (Lyon-Vaise, France, A.D. 200-300). *Int. J. Osteoarchaeol.* 1: 259-264.

BILLOIN D.
2003 L'archéologie au chevet d'un patrimoine mondial de l'Unesco : La Charité-sur-Loire (Nièvre), http:www-afan.montaigne.u-bordeaux.fr/decouv/charite-sur-loire.

BISEL S. C.
1987 Human bones at Herculaneum. *Rivista di Pompeiani* 1: 123-129.

BIZOT B., D. CASTEX, P. REYNAUD, et M. SIGNOLI
2005 La saison d'une peste (avril-septembre 1590). Le cimetière des Fédons à Lambesc (Bouches-du-Rhône), Paris: CNRS Editions, pp. 131.

BLAIZOT F.
1994 Grenoble place Notre-Dame. "Crypte archéologique", Evéché, sépultures extra-muros. Rapport en anthropologie de terrain, campagne 1994; pp. 23. Grenoble: Association pour les Fouilles Archéologiques Nationales.

—
1995 Grenoble place Notre-Dame. "Crypte archéologique", Evéché, sépultures extra-muros. Rapport en anthropologie de terrain, campagne 1994-1995; pp. 13. Grenoble: Association pour les Fouilles Archéologiques Nationales.

—
1998 Une sépulture de catastrophe de l'Antiquité tardive, à Reichstett-Mundolsheim (Bas-Rhin). *Revue archéologique de l'Est, du Paléolithique au Moyen Age* 171: 183-206.

BLANCHARD P.
2002 Les sépultures multiples d'Issoudun (Indre, XVIIe siècle) : stratégie d'intervention et objectifs de recherche. Résumés des communications de la 1828e réunion scientifique de la Société Anthropologique de Paris. *Bull. et Mém. de la Soc. d'Anthrop. de Paris* 14: 199-200.

BLANCHARD P., P. GEORGES, et A. LUBERNE
2005 Le cimetière médiéval des pauvres à Bourges (Cher, France). Une zone spécifique pour les épisodes de surmortalité ? In: N. GUALDE, J.-P. GOUBERT et S. BARRY (eds.), Epidémies et sociétés dans le monde occidental XIVe-XXIe siècles, Paris, 2005; pp. 211-217, Revue Sociologie et Santé.

BLASCO A., et R. BLASCO
1983 Berre et la peste de 1720. *Les Cahiers de Berre*: 114.

BLEWITT G. T.
1997 The role of forensic investigations in genocide prosecutions before an international criminal tribunal. *Med. Sci. Law* 37: 284-288.

BLONDIAUX J.
1990 Les ossements humains du IVe siècle de la rue Baudimont à Arras : histoire de famille ?, Les cultes. Arras au Bas Empire. Catalogue d'exposition; pp. 94-95, Arras: Musée des Beaux Arts, Service archéologique de la ville d'Arras.

—
1991 Dix-neuf squelettes dans l'habitat. Enigmes dans la ville d'Arras au bas Empire et dans le fisc royal de Berry-au-Bac (02) au IXe siècle. In: L. BUCHET (ed.), Ville et campagne en Europe occidentale (Ve-XVIIIe siècles). Actes des cinquièmes journées anthropologiques de Valbonne, 21-22-23 mai 1990, Valbonne, 1991; pp. 11-24, Editions du CNRS.

BOEUF O. et P. ALBERTI
2003 Paléopathologie : à propos de squelettes humains découverts à Poitiers (Vienne, France). *C. R. Paleovol* 2: 169-180.

BOLES T. C., C. C. SNOW, et E. STOVER
1995 Forensic DNA testing on skeletal remains from mass graves: a pilot project in Guatemala. *J. Forensic Sci.* 40: 349-355.

BONNABEL L., et F. CARRE
1996 Rencontre autour du linceul., Reims (Bulletin spécial de liaison, numéro spécial 1996), pp. 101.

BONNABEL L., et C. PARESYS
2002 Exemple de reconnaissance des populations hospitalières d'épidémies à travers l'anthropologie de terrain et l'anthropologie biologique, Pré-actes des rencontres des 14, 15, 16 mars 2002 : Les hôpitaux du Moyen-Age et des Temps Modernes; pp. 27-29, Gand, Bruxelles, Namur: Archaeologia Mediaevalis.

BORDAS F.
1915 Assainissement des cantonnements et des champs de bataille. *Comptes-rendus hebdomadaires des séances de l'Académie des Sciences*: 779-780.

BOUIRON M., et B. DE LUCA
1994 Les fouilles de l'avenue Vaudoyer : étude d'impact du souterrain Major : rapport de fouille de sauvetage; pp. 72. Marseille: SRA PACA et Ville de Marseille DGST - EGT.

BOULESTIN B., et H. DUDAY
2005 Ethnologie et archéologie de la mort : de l'illusion des références à l'emploi d'un vocabulaire. In: C. MORDANT et G. DEPIERRE (eds.), Les pratiques funéraires à l'âge du Bronze en France; pp. 17-30, Sens.

BOURA F.

1992 Fouille archéologique d'une sépulture militaire de 1914 : la sépulture collective de Saint-Rémy-La-Calonne (Meuse). *Les nouvelles de l'archéologie* 48/49: 56-57.

— 1997a De la mémoire individuelle à l'identité nationale. A propos de la fouille de la tombe de soldats de Saint-Rémy-la-Calonne. *Les nouvelles de l'archéologie* 67: 27-31.

— 1997b Le poids des morts ou comment s'en débarrasser : que faire de l'encombrant patrimoine de la Grande Guerre ? *Les nouvelles de l'archéologie* 70: 15-17.

— 1999 Une tombe de soldats à Saint-Rémy-La-Calonne. *14-18 Aujourd'hui, Revue annuelle d'histoire* 2: 71-83.

— 2000 Autour de la tombe d'Alain Fournier. *Archéologia* 367: 28-31.

BOURA F., P. HERVET, et S. PIECHAUD

1992 Confrontation avec les données et les documents historiques. *Les nouvelles de l'archéologie* 48/49: 62-68.

BOUVILLE C. P.

1982 Mort violente, les massacres. *Dossiers d'Histoire et archéologie* 66: 36-59.

— 1995 Les témoins (sépultures, vestiges osseux humains) de catastrophes, massacre, épidémies... *L'Anthropologie* 99: 120-124.

BOYLSTON A.

2000 The archaeology of a mass grave from the battle of Towton, March 29, 1461. In: P. W. M. FREEMAN et A. POLLARD (eds.), Abstracts from the conference : Fields of conflict : progress and prospect in battlefield archaeology, Dept. of Archaeology, University of Glasgow, 2000.

BOYLSTON A., M. HOST, et J. COUGHLAN

2000 The human remains. In: V. FIORATO, A. BOYLSTON et C. KNÜSEL (eds.), Blood Red Roses, The archaeology of a mass grave from the battle of Towton AD 1461; pp. 45-59, Oxford: Oxbow Books.

BRAECKMAN C.

2004 Autopsie d'un ethnocide planifié au Rwanda. *Manière de voir. Le monde diplomatique* 76: 52-56.

BRIET S.

2002 Arras déterre romains et poilus, Libération; pp. 20. Paris.

BROSSOLET J.

1993 Segalen et Chabaneix en Chine pendant la peste en Mandchourie., Revue du Praticien; pp. 742-745.

BRUNAUX J.-L.

2000 Les religions gauloises, Paris: Editions Errance, pp. 271.

BRUNAUX J.-L., M. AMANDRY, V. BROUQUIER-REDDE, L.-P. DELESTREE, H. DUDAY, G. FERCOQ DU LESLAY, T. LEJARS, C. MARCHAND, P. MENIEL, B. PETIT, et B. ROGERE

1999 Ribemont-sur-Ancre (Somme), Bilan préliminaire et nouvelles hypothèses. *Gallia* 56: 177-283.

BUCHET L.

1997 L'enfant, son corps, son histoire., Sophia Antipolis: Editions APDCA (Actes des Septièmes Journées Anthropologiques de Valbonne, 1-3 juin 1994., pp. 300.

BURA P.

2003 Etude anthropologique de la sépulture multiple. *Sucellus* 54: 92-100.

BUSBY K.

2004 Mass grave, http://oxfordstudent.com/ht2004uk0/news/mass_grave.

BUTZEN F.

2001 Blood Red Roses, The archaeology of a mass grave from the battle of Towton AD 1461. *JAMA* 286: 2741-2742.

CABEZUELO U.

2003 La cavalerie fantôme de Gondole, http://www.inrap.fr/site/fr/page.php?id=430&p=evenement=22.

CABEZUELO U., et D. CASTEX

1994 Le cimetière Saint-Pierre à Dreux (Eure-et-Loire), Dolmens, sarcophages et pierres tombales. Les pratiques funéraires en Eure-et-Loire de la Préhistoire à nos jours; pp. 68-70, Chartres: Maison de l'Archéologie.

CALVO GALVEZ M., et J. VICENT LERMA

1998 Peste negra y pogrom en la ciudad de Valencia. *Revista de arquelologia* 206: 51-59.

CAPDEVILA L.

2006 Le corps de l'ennemi, une lecture des conflits, le cas de la guerre du Paraguay, http://nuevomundo.revues.org/document857.html.

CAPDEVILA L., et D. VOLDMAN
2002a Du numéro matricule au code génétique : la manipulation du corps des tués de la guerre en quête d'identité. *RICR* 848: 751-765.

—

2002b Nos morts. Les sociétés occidentales face aux tués de la guerre, Paris: Editions Payot et Rivages, pp. 282.

CASTEX D.
1994 Mortalité, morbidité et gestion de l'espace funéraire au cours du Haut Moyen Age, [Unpubl. Thèse, Université de Bordeaux I], pp. 329.

—

1995 Sépultures multiples : sépultures de "catastrophe" ? *Dossiers d'Archéologie* 208: 44-47.

CASTEX D., et M. DRANCOURT
2005 D'un gisement funéraire à la détection d'une crise épidémique. Identité biologique et patrimoine génétique. In: N. GUALDE, J.-P. GOUBERT et S. BARRY (eds.), Epidémies et sociétés dans le monde occidental XIVe-XXIe siècles, Paris, 2005; pp. 191-209, Revue Sociologie et Santé.

CASTEX D., P. SELLIER, P. VELEMINSKY, M. DOBISIKOVA, et J. BRUZEK
2003 Paleodemography and past plague epidemics : a clue for interpreting the 17th century Svaty Benedikt cemetery in Prague., Abstracts of International anthropological congress "Anthropology and society". Praha, 2003.

CHAGOWSKI W., et R. MADRO
1999 The exhumation of a World War II Jewish grave. *Annales Universitatis Mariae Curie-Sklodowska* 2: 9-12.

CHAUNU P.
1978 La mort à Paris, XVIe, XVIIe, XVIIIe siècles, Paris: Fayard, pp. 543.

CHEKIR M.
2003 Découverte d'un charnier à Sidi Moussa, http:/algerie-dz.com.

CHERMATOVA S., N. BOUSTANY, et G. KHAÏRAOULLINA
2003 Tchétchénie : la paix de Moscou., Courrier International; pp. 32-37. Paris.

CHIARELLI B., R. BIGAZZI, et L. SINEO
2002 Alia, antropologia di una comunità dell'entroterra siciliano., Firenze: Firenze University Press, Medical Books, pp. 95.

CHIFFOLEAU J.
1980 La comptabilité de l'au-delà. Les hommes, la mort et la religion dans la région d'Avignon à la fin du Moyen-Age (vers 1320-vers 1480), Rome: Ecole Française de Rome. Palais Farnese, pp. 494.

CLAVANDIER G.
2004 La mort collective. Pour une sociologie des catastrophes, Paris: CNRS Editions, pp. 255.

CONNER M.
1996 The archaeology of contemporary mass graves, http://www.saa.org/.

CORVISIER A.
1985 Les hommes, la guerre et la mort, Paris: Economica, pp. 453.

COURTAUD P.
1995 Les ensembles sépulcraux. *Dossiers d'Archéologie* 208: 34-43.

COURTIN J.
1984 La guerre au Néolithique. *La Recherche*: 446-458.

CRANCON S.
2002 Issoudun : la grande épidémie du XVIIe siècle. *Archéologia* 393: 4-5.

CRISAFULLI R.
1996 A cholera outbreak in rural XIXth century Sicily, [Unpubl. Corso di perfezionamento European masters in Anthropology, Universita degli studi di Firenze], pp. 44.

CRUBEZY E.
2000 L'étude des sépultures, ou du monde des morts au monde des vivants. In: E. CRUBEZY, C. MASSET, E. LORANS, F. PERRIN et L. TRANOY (eds.), Archéologie funéraire; pp. 8-54, Paris: Editions Errance.

CRUBEZY E., S. DUCHESNE, et C. ARLAUD
2006 La mort, les morts et la ville (Montpellier X^e-XVIe siècles). Paris: Editions Errance, pp. 447.

CRUBEZY E., T. JANIN, et B. MIDANT-REYNES
2002 Adaïma 2. La nécropole prédynastique, Le Caire: Institut français d'archéologie orientale, pp. 606.

CRUBEZY E., et B. MIDANT-REYNES
2000 Les sacrifices humains à l'époque prédynastique : l'apport de la nécropole d'Adaïma. *Archéo-Nil* 10: 21-40.

CUNHA E., et A. M. SILVA
1997 War lesions from the famous portuguese medieval batlle of Aljubarrota. *Int. J. Osteoarchaeol.* 7: 595-599.

CURRY A.
2000 The battle of Agincourt: sources and interpretations, Woodbridge: Boydell, pp. 152.

DAHY I.
2001 Rapport de fouille du lieu-dit de " la butte aux Herbes " (Draguignan, Var) : rapport de fouille de sauvetage.; pp. 47. Draguignan: S.R.A. P.A.C.A.

DAILEY J.C.
1991 The identification of fragmented Vietnam War remains utilizing a healing extraction site. *J. Forensic Sci.* 36: 264-271.

D'ALMEDA F.
2005 Massacre(s) sur Internet. Ou comment faire circuler une mémoire iconique du crime de masse contemporain. In: D. EL KENZ (ed.), Le massacre, objet d'histoire; pp. 370-386, Paris: Gallimard. Collection Folio Histoire, 138.

DE LA RUBIA P., J. A. LANDERA, F. ETXEBERRIA, et L. HERRASTI ERLOGORRI
2003 Valdedios - (Asturias) : La memoria recuperada; pp. 86. Donostia-San Sebastián: Universidad del País Vasco.

DEBRA KOMAR P. D.
2003 Lessons from Srebrenica: the contributions and limitations of physical anthropology in identifying victims of war crimes. *J. Forensic Sci.* 48: 1-4.

DELUMEAU J.
1978 La peur en Occident (XIVe - XVIIIe siècles). Paris: Librairie Arthème Fayard.

DEMUTH WEBSTER A.
1998 Excavation of a Vietnam-Era aircraft crash site : use of cross-cultural understanding and dual forensic recovery methods. *J. Forensic Sci.* 43: 277-283.

DESFOSSES Y., et A. JACQUES
2000a Vers une définition et une reconnaissance de l'archéologie de la Première Guerre Mondiale. In: P. NIVET (ed.), La bataille en Picardie. Combattre de l'Antiquité au XXe siècle; pp. 203-220: Editions Encrage.

DESFOSSES Y., A. JACQUES, et G. PRILAUX
2000b Premières recherches sur la Grande Guerre dans le Nord-Pas-De-Calais. *Archéologia* 367: 32-38.

—
2003a Arras "Actiparc", les oubliés du "Point du Jour". *Sucellus* 54: 84-100.

—
2003b Arras, ZAC Actiparc. *Archéologie en Nord-Pas-De-Calais* 5.

—
2005 L'archéologie de la Grande Guerre. *Archéologie en Nord-Pas-De-Calais* 10.

DEVRIENDT W.
2004 Etude anthropologique de l'hypogée des Boileau : apport à la connaissance du Néolithique final provençal, [Unpubl. Thèse, Université de la Méditerranée - Aix-Marseille II. Faculté de Médecine.], pp. 308.

DEVRIENDT W., C. P. BOUVILLE, O. DUTOUR, E. MAHIEU, et M. SIGNOLI
2006 Les sépultures collectives préhistoriques : problèmes d'interprétation et perspectives de recherche. In: Y. ARDAGNA, B. BIZOT, G. BOËTSCH et X. DELESTRE (eds.), Les collections ostéologiques humaines : gestion, valorisation et perspectives; pp. 123-126, Aix-En-Provence: Supplément au Bulletin Archéologique de Provence,4.

DJURIC M. P.
2004 Anthropological data in individualization of skeletal remains from a forensic context in Kosovo - a case history. *J. Forensic Sci.* 49: 3-5.

DORAN J.
2002 Ces charniers afghans si discrets... Le Monde diplomatique; pp. 16-17. Paris.

DRANCOURT M., G. ABOUDHARAM, M. SIGNOLI, O. DUTOUR, et D. RAOULT
1998 Detection of 400-year-old Yersinia pestis DNA in human dental pulp : an

approach to the diagnosis of ancient septicemia. *Proc. Natl. Acad. Sci.* 95: 12637-12640.

DRANCOURT M., V. ROUX, L. V. DANG, L. TRAN-HUNG, D. CASTEX, V. CHENAL-FRANCISQUE, H. OGATA, P.-E. FOURNIER, E. CRUBEZY, et D. RAOULT
2004 Genotyping, Orientalis-like *Yersinia pestis*, and plague pandemics. *Emerging Infectious Diseases* 10: 1585-1592.

DUDAY G.
2004 La pathologie traumatique dans les sépultures d'Issoudun, fin XVII-début XVIIIe siècles, [Unpubl. Thèse de Médecine, Université de Bordeaux 2 - Victor Segalen], pp. 76.

DUDAY H.
2005 L'archéothanatologie ou l'archéologie de la mort. In: O. DUTOUR, J.-J. HUBLIN et B. VANDERMEERSCH (eds.), Objets et méthodes en paléoanthropologie; pp. 153-207, Paris: CTHS.

DUDAY H., P. COURTAUD, E. CRUBEZY, P. SELLIER, et A.-M. TILLIER
1990 L'anthropologie "de terrain" : reconnaissance et interprétation des gestes funéraires. *Bull. et Mém. de la Soc. d'Anthrop. de Paris* t.2, n°3-4: 29-50.

EAAF
1992 L'anthropologie légale en Argentine. *Les nouvelles de l'archéologie* 48/49: 72-76.

—
1997 Biannual Report 1996-97; pp. 29. Buenos Aires.

—
1998 Annual Report 1998; pp. 14. Buenos Aires.

—
1999 Annual Report 1999; pp. 16. Buenos Aires.

—
2000 Annual Report 2000; pp. 10. Buenos Aires.

—
2001 Annual Report 2001; pp. 13. Buenos Aires.

—
2002 Annual Report 2002; pp. 40. Buenos Aires.

—
2005 Annual Report 2005; pp. 184. Buenos Aires.

ENSELME J.
1969 Gloses sur le passage dans la ville d'Avignon de la grande mortalité de 1348. *La Revue Lyonnaise de Médecine* 18: 697-710.

ESPEIO F.
2002 Contra la apertura indiscriminada de todas las fosas comunes, www.graficosweb.com/.../opinion/cartaabierta.htm.

ETXEBERRIA F.
1999 Surgery in the Spanish war of independence (1807-1813), between Sesault and Lister. *Journal of Paleopathology* 11: 25-40.

—
2004a Informe relativo a la visita efectuada a la localidad de Valdenoceda (Burgos) con el fin de estudiar la posibilidad de recuperar los restos humanos pertenecientes a la Guerra Civil (1936) que fueron inhumados en ese lugar; pp. 10. Donostia-San Sebastián: Universidad del País Vasco.

—
2004b Informe relativo a la visita efectuada a Mutriku con el fin de estudiar las posibilidades de recuperar los restos humanos pertenecientes a la Guerra Civil (1936) que fueron inhumados en la proximidad del caserío Zabale; pp. 5. Donostia-San Sebastián: Universidad del País Vasco.

—
2005 Informe relativo a la prospección realizada en el cementerio de Talledo (Cantabria) con el fin de verificar la identidad de dos personas inhumadas durante la Guerra Civil (1936-1939); pp. 25. Donostia-San Sebastián: Universidad del País Vasco.

ETXEBERRIA F., et L. HERRASTI ERLOGORRI
2004a Informe relativo a la exhumación llevada a cabo en Olmedillo de Roa (Burgos) con el fin de recuperar los restos humanos pertenecientes a ocho personas ejecutadas en la Guerra Civil; pp. 53. San Sebastián: Universidad del País Vasco.

—
2004b Informe relativo a la exhumación llevada a cabo en Vadoncondes (Burgos) con el fin de recuperar los restos humanos pertenecientes a seis personas ejecutadas en la Guerra Civil; pp. 42. San Sebastián: Universidad del País Vasco.

2005a Informe relativo a la exhumación llevada a cabo en Berlangas de Roa (Burgos) con el fin de recuperar los restos humanos pertenecientes a cinco personas ejecutadas en la Guerra Civil; pp. 68. Donostia - San Sebastián: Universidad·del País Vasco.

2005b Informe relativo a la exhumación llevada a cabo en Fustiñana (Navarra) con el fin de recuperar los restos humanos pertenecientes a siete personas ejecutadas en la Guerra Civil; pp. 111. Donostia - San Sebastián: Universidad del País Vasco.

ETXEBERRIA F., L. HERRASTI ERLOGORRI, J. JIMENEZ, et J. ORTIZ LEJARZA
2004c Informe relativo a la exhumación llevada a cabo en Benegiles (Zamora) con el fin de recuperar los restos humanos pertenecientes a tres personas ejecutadas en la Guerra Civil; pp. 70. Donostia - San Sebastián: Universidad del País Vasco.

2005c Informe relativo a la exhumación llevada a cabo en Covarrubias (Burgos) con el fin de recuperar los restos humanos pertenecientes a ocho personas ejecutadas en la Guerra Civil; pp. 103. Donostia - San Sebastián: Universidad del País Vasco.

2006 Informe relativo a la exhumación llevada a cabo en Barranco de Valladar (Vadocondes, Burgos) con el fin de recuperar los restos humanos pertenecientes a cinco personas ejecutadas en la Guerra Civil; pp. 69. Donostia - San Sebastián: Universidad del País Vasco.

ETXEBERRIA F., L. HERRASTI ERLOGORRI, et J. ORTIZ LEJARZA
2003a Informe relativo a los restos humanos hallados en la fosa de Valdedios; pp. 169. Donostia - San Sebastian: Universidad del Pais Vasco.

2003b Valdedios : la memoria recuperada; pp. 169. Valdedios: Universidad del Pais Vasco.

FAFG
1993 Informe de Investigaciones Anthropologico Forenses. Aldea Chichupac, Rabinal, Baja Verapaz; pp. 41. Guatemala City: EAFG.

1995 Informe de Investigaciones Anthropologico Forenses. Aldea Plan de Sanchez, Rabinal, Baja Verapaz; pp. 32. Guatemala City: EAFG.

FARBEY R.
1987 Skeletons give clues to health of fourteenth century London. *Journal of the Royal College of General Practioners*: 332.

FAZZINI G.
2004 Isola del Lazzaretto Nuovo, Venezia: Archeovenezia, pp. 191.

FENRICK W. J.
1992 Mass graves - Pakracka Poljana, UNPA sector west, Croatia; pp. 1-39: United Nations Commission Experts.

FIORATO V.
2000a The context of the discovery. In: V. FIORATO, A. BOYLSTON et C. KNÜSEL (eds.), Blood Red Roses, The archaeology of a mass grave from the battle of Towton AD 1461; pp. 1-14, Oxford: Oxbow Books.

2000b Towton, AD 1461. Excavation of a mass war grave. *Current Archeology* 171: 98-104.

FIORATO V., A. BOYLSTON, et C. KNÜSEL
2000 Blood Red Roses, the archaeology of a mass grave from the battle of Towton AD 1461, Oxford: Oxbow Books, pp. 277.

FRANCE D. L., T. J. GRIFFIN, J. G. SWANBURG, J. W. LINDEMANN, G. C. DAVENPORT, V. TRAMMELL, C. T. ARMBRUST, B. KONDRATIEFF, A. NELSON, K. CASTELLANO, et D. HOPKINS
1992 A multidisciplinary approach to the detection of clandestine grave. *J. Forensic Sci.* 37: 1445-1458.

GAILLARD D., P. BURA, et A. JACQUES
1998 Diagnostic archéologique préalable à la construction de batiments administratifs du conseil général, rue de la paix - Arras (Pas-de-Calais); pp. 41. Arras: Service archéologique municipal d'Arras.

GAMBARO L., C. RIGEADE, M. DE PIERO, Y. ARDAGNA, V. GOBBO, L. BUCHET, L. FOZZATI, A. DRUSINI, et M. SIGNOLI
sous-presse La fouille de l'île du lazzareto de Venise : premières données. In: M. SIGNOLI, D. CHEVE, G. BOËTSCH et O. DUTOUR (eds.), La Peste : entre épidémies et sociétés; pp. 279-282, Firenze.

GAUTHIER M., et V. ROUPPERT
2004 Saint-Brice-sous-Forêt, Chapelle Saint-Nicolas. Pantin: INRAP.

GELTMAN P., et E. STOVER
1997 Genocide and the plight of children in Rwanda. *JAMA* 277: 289-294.

GENOT A., Y. ARDAGNA, et M. SIGNOLI
2000 Etude anthropologique des squelettes découverts près de la Chapelle Notre-Dame de Caderot (Berre-L'Etang, Bouches-du-Rhône). pp. 20. Marseille: UMR 6578 CNRS-Université de la Méditerranée.

GEORGES P.
1997 L'ossuaire médiéval du Clos des Cordeliers de Sens (Yonne), [Unpubl. Mémoire de D.E.A., Université de Bordeaux I], pp. 92.

GIRARD L.
1997 Les sujets immatures du cimetière gallo-romain de Chantambre (Essonne). Pratiques funéraires. In: L. BUCHET (ed.), L'enfant, son corps, son histoire. Actes des Septièmes Journées Anthropologiques de Valbonne 1-3 juin 1994; pp. 211-225, Sophia Antipolis: Editions APDCA.

GISSÜBELOVA J.
2000 La bataille de Slavkov - Austerlitz (1805), http://www.archiv.radio.cz/français/osobnosti/vdalost.phtml?cislo=12.

GOULETQUER P.
1997 Les implications théoriques de l'affaire Alain Fournier. *Les nouvelles de l'archéologie* 70: 19-21.

GRAINGER I., et D. HAWKINS
1988 Excavations at the Royal Mint site 1986-1988. *The London Archaeologist* 5: 429-436.

GRANMA INTERNACIONAL
2000 Une sépulture décente pour les victimes d'El Mozote (Salvador), http://www.anti-imperialism.net/.

GRAVER S., K. D. SOBOLIK, et J. P. WHITTAKER
2001 Cannibalism or violent death alone ? Human remains at a small Anasazi site. In: W. D. HAGLUND et M. H. SORG (eds.), Advances in forensic taphonomy; pp. 310-320, Bocca Raton: CRC Press.

GRMEK M. D.
1983 Les maladies à l'aube de la civilisation occidentale, Paris: Payot, pp. 527.

GUERRE J., et L. BUFFAT
2000 Le village (Rémoulins, 30); pp. 14. Castillon-du-Gard: Ministère de la Culture, Service Régional de l'Archéologie du Languedoc-Roussillon, Service archéologique de Castillon-du-Gard.

GUIGNER M.
1997 Les sépultures multiples du Clos des Cordeliers à Sens (Yonne). Approches archéologique, biologique et historique, [Unpubl. Mémoire de D.E.A., Université de Bordeaux I].

GUILAINE J., et J. ZAMMIT
1998 Le sentier de la guerre. Visages de la violence préhistorique, Paris: Editions du Seuil, pp. 371.

GUZZO P. G.
1995 Les cités du Vésuve. Découvertes récentes. *Archéologia* 318: 38-47.

HACHEY I.
2005 L'Espagne exhume ses vieux fantômes, http://www.cyberpresse.ca/monde/article/article_complet.php?path=/monde/article/1,151,1064,112004,841509.shtml.

HAGLUND W. D.
2001a The archaeology of contemporary mass graves. *Historical archaeology* 35: 57-69.

— 2001b Recent mass graves, an introduction. In: W. D. HAGLUND et M. H. SORG (eds.), Advances in forensic taphonomy; pp. 244-260, Boca Raton: CRC Press.

HANAKOVA H., et M. STLOUKAL
1988 Pohrebistte kolem byvaletro kostela svateho Benedikta V Praze: Narodni Museum V Praze - Paroclovtedecké muzeum.

HARDIER T., et J.-F. JAGIELSKI
2004 Combattre et mourir pendant la grande guerre (1914-1924), Paris: Editions Imago, pp. 375.

HARPES J.
1952 La peste au pays de Luxembourg : essai historique et médical, Luxembourg: Editions Linden, pp. 108.

HARRINGTON S.
1997 Unearthing Soviet massacres. *Archaeology* 50: 10.

HAWKINS D.
1990 The Black Death and the new London cemeteries of 1348. *Antiquity* 64: 637-642.

HILLAIRET J.
1958 Les 200 cimetières du vieux Paris, Paris: Minuit, pp. 428.

HUNTER J. R., et M. COX
2005 Forensic archaeology, advances in theory and practice, London: Routledge, pp. 233.

INGELMARK B. E.
1939 The skeletons. In: B. THORDEMAN (ed.), Armour from the Battle of Wisby; pp. 149-209: Chilvary Bookshelf.

JANKAUSKAS R., A. BARKUS, V. URBANAVIEIUS, et A. GARMUS
2005 Forensic archaeology in Lithuania : the Tuskulěnai mass grave. *Acta Medica Lituanica* 12: 70-74.

JAPANESE INVADERS
2000 Memorial Hall of the Victims in Nanjing Massacre, www.alpha-canada.org/StudyTour/album/nanjing.htm.

JAUFFRET J. C.
2002 La question du transfert des corps : 1915-1934, http://www.imprimerie-d3.com/actesducolloque/frame325186.html.

JESSEE E.
2003 Exhuming conflict : some recomandations for the creation of a series of experimental mass grave and mass grave-related test sites, [Unpubl. M. A. Thesis, Simon Fraser University], pp. 141.

JESSEE E., et M. SKINNER
2005 A typologie of mass grave and mass grave-related sites. *Forensic Science International* 152: 55-59.

JOYCE C., et E. STOVER
1991 Witnesses from the grave. The stories bones tell., Boston: Little, Brown and Company, pp. 333.

KANZ F., et K. GROSSSCHMIDT
sous presse Head injuries of Roman gladiators. *Forensic Science International.*

KAPRONCZAY K.
1990 Forensic medical investigation of the Katyn mass graves. *Orv.-Hetil.* 131: 2770-2772.

KING S. E.
1992 Violence and death during the fall of the roman empire : interpretations of a late 4th century/early 5th century AD charnel deposit from Arras, France, [Unpubl. Master of Science, University of Bradford], pp. 147.

KJELLSTRÖM A.
2004a A case study of *Os cuneiforme mediale bipartum* from Sigtuna, Sweden. *Int. J. Osteoarchaeol.* 14: 475-480.

—
2004b A sixteenth-century warrior grave from Uppsala, Sweden : the battle of Good Friday. *Int. J. Osteoarchaeol.* 14: 360-373.

KLEIN V. A., K.-H. FRANCK, D. KRAUSE, et W. REIMANN
1991 Bergung eines massengrabes aus dem jahr 1945 - Arbeistslager Lieberose des KZ Sachsenhausen. *Institut fur Gerichtiche Medizin* 50.

KNÜSEL C., R. C. JANAWAY, et S. E. KING
1996 Death, decay, and ritual reconstruction: archeological evidence of cadaveric spasm. *Oxford Journal of Archaeology* 15: 121-128.

KOFF C.
2004 La mémoire des os, Mayenne: Editions Héloïse d'Ormesson, pp. 349.

KOMAR D.
2003 Lessons from Srebrenica: the contributions and limitations of physical anthropology in identifying victims of war crimes. *J. Forensic Sci.* 48.

KUCHLER P.
1999 Verdun : Hospice Sainte-Catherine, http://brea.culture.fr8080/s1/bsr/voir.xsp?id=F1355199900018&q5032&n=18.

KURTH P.
1993 The mystery of the Romanov Bones, http://www.peterkurth.com.

LAMBLARD J. M.
2002 Fouilles en terre du Nord. *L'Archéologue* 60: 40-41.

LE BOT-HELLY A.

1990 La fouille de la place Camille-Jouffray. In: F. BARATTE, A. LE BOT-HELLY, B. HELLY, M.-C. DEPASSIOT et V. LANGLET (eds.), Le trésor de la place Camille-Jouffray à Vienne (Isère); pp. 10-24: 50ᵉ supplément à GALLIA, Editions du CNRS.

LECLERC J.

1990 La notion de sépulture. *Bull. et Mém. de la Soc. d'Anthrop. de Paris* 2: 13-18.

LECLERC J., et J. TARRÊTE

1988 Sépulture. In: A. LEROI-GOURHAN (ed.), Dictionnaire de la préhistoire; pp. 1002, Paris: Quadrige / Presses Universitaires de France.

LEGUAY J.-P.

2005 Les catastrophes au Moyen Âge: Editions Jean-Paul Gisserot, pp. 221.

LEMONIER C.

1871 Sedan ou les charniers, Bruxelles: Editions Weissenbruch, pp. 252.

LEONETTI G., M. SIGNOLI, A.-L. PELISSIER, P. CHAMPSAUR, I. HERSHKOVITZ, C. BRUNET, et O. DUTOUR

1997 Evidence of pin implantation as a means of verifying death during the great plague of Marseilles (1722). *J. Forensic Sci.* 42: 744-748.

LISTON M. A., et B. J. BAKER

1996 Reconstructing the massacre at Fort William Henry, New-York. *Int. J. Osteoarchaeol.* 6: 28-41.

LOMBROSO P.

2002 Qui a massacré les prisonniers talibans ?, http://www.lecourrier.ch/.

LORANS E.

2000 Le monde des morts de l'Antiquité tardive à l'époque moderne. In: E. CRUBEZY, C. MASSET, E. LORANS, F. PERRIN et L. TRANOY (eds.), Archéologie funéraire; pp. 155-193, Paris: Editions Errance.

LUDES B., et E. CRUBEZY

2000 Le sacrifice humain en contexte funéraire : problèmes posés à l'anthropobiologie et à la médecine légale. L'exemple prédynastique. *Archéo-Nil* 10: 43-52.

LYNNERYP N.

1992 Anthropological Report on Human Remains from Vodroffsgaard, Copenhagen, AS 3/92. Copenhagen: Laboratory of Biological Anthropology, University of Copenhagen.

MACCHIARELLI R., et L. SALVADEI

1989 Early medieval human skeletons from the thermae of Venosa, Italy. Skeletal biology and life stresses in a group presumably inhumed following an epidemic. *Rivista di antropologia* LXVIII: 105-128.

MADRO R.

1993a Examinations of the mass graves of Polish inhabitants murdered by the Ukrainian nationalists in 1943 year in Lubomelski District. Part I - the course and results of the exhumation in Wola Ostrowiecka. *Arch. Med. Sad. i Krym.* 43: 47-63.

—

1993b Examinations of the mass graves of Polish inhabitants murdered by the Ukrainian nationalists in 1943 year in Lubomelski District. Part II - the course and results of the exhumation in Ostrowki. *Arch. Med. Sad. i Krym.* 43: 64-82.

MADRO R., et E. BARAN

1993 Report of the exhumation of the cadavers of Polish war prisoners, detained in Ostaszkow in the Soviet union, carried out in Miednoje (near Tver) in the time 15-30 August 1991 in Kharkov. *Arch. Med. Sad. i Krym.* 43: 26-45.

MALDAVSKY J.

2003 Les charniers de Franco, http://www.monde-diplomatique.fr.

MALLEGNI F., et E. CARNIERI

2001 The plague in Pisa (Italy) in the 15th century. In: M. SIGNOLI, D. CHEVE, O. DUTOUR et G. BOËTSCH (eds.), Résumés des communications du colloque Peste : entre épidémies et sociétés., Marseille, 2001; pp. 20.

MANNING D.

2000 Srebrenica Investigation, Summary of Forensic Evidence; pp. 136: ICTY Evidence Report (Unpublished document property of the United Nations, International Criminal Tribunal for the Former Yugoslavia).

MANT A. K.

1950 A Study of Exhumation Data, [Unpubl. PhD. Thesis, London University].

—

1962 The identification of mutilated and decomposed bodies (with special refernce to air crash victims). *Med. Sci. Law* 2: 134-142.

—

1987 Knowledge Acquired From Post-War Exhumations. In: A. BODDINGTON, A.N. GARLAND et R.C. JANAWAY (eds.), Death, Decay and Reconstruction: Approaches to Archaeology and Forensic Science; pp. 65-78, Manchester: Manchester University Press.

MASQUILIER A.
2000 Hôpital Saint-Jean-de-Jérusalem, rue Saint-Michel (Epinal, Lorraine), http://www.bra.culrure.fr:8080/s1/bsr/voir.xsp?id=F11388200000009&q=q6964&n=17.

MASSET C.
2000 La mort aux périodes préhistoriques. In: E. CRUBEZY, C. MASSET, E. LORANS, F. PERRIN et L. TRANOY (eds.), Archéologie funéraire; pp. 55-85, Paris: Editions Errance.

MEYER C.
2003 Osteological evidence for the battles of Zürich, 1799 : a Glimpse into soldiery of the past. *Int. J. Osteoarchaeol.* 13: 252-257.

MIGLIORINI P. , et J. QUATRE VIEUX
2002 Batailles de Napoléon dans le Sud-Ouest. Vestiges du face à face Soult-Wellington de Vitoria à Toulouse., Anglet: Atlantica, pp. 208.

MILLS P.
1985 The Royal Mint : first results. *The London Archaeologist* 5: 69-77.

MIQUEL P.
1999 Mille ans de malheur, Neuilly-sur-Seine: Edition Michel Lafont, pp. 285.

MIQUEL-FEUCHT M. J., M. POLO-CERDA, et J. D. VILLALAIN-BLANCO
1999 Anthropological and paleopathological studies of a mass execution during the war of independence in Valencia, Spain (1808-1812). *Journal of Paleopathology* 11: 15-23.

MOULINAS R.
2003 Les massacres de la Glacière, Aix-En-Provence: Edisud, pp. 230.

MUFTI H., et E. STOVER
2004 Iraq : state of the evidence (E1607); pp. 42. New-York: Human Rights Watch.

NAPHY W., et A. SPICER
2000 La peste noire. Grandes peurs et épidémies 1345-1730, Paris: Edition Autrement (Collection Mémoires, 95), pp. 187.

NATIONS UNITED
1998 Rapport d'expertise médico-légale : évaluation préliminaire de charniers situés près de Hargeisa (Somalie), http://unhchr.ch/Huridocda/.

NOUGARYEDE N.
2002 Charniers de Tchétchénie, http://www.lemonde.fr.

NOVAK S. A.
2000 Battle-related trauma. In: V. FIORATO, A. BOYLSTON et C. KNÜSEL (eds.), Blood Red Roses, The archaeology of a mass grave from the battle of Towton AD 1461; pp. 90-102, Oxford: Oxbow Books.

OLLIER J.-P.
1993 Une nouvelle lecture de la bataille de Rocroi. *Histoire et Défense. Les cahiers de Montpellier* 28: 109-134.

OTTOSSON P.-G.
1989 Fear of the plague and the burial of plague victims in Sweden 1710-1711. In: N. BULST et R. DELORT (eds.), Maladies et société (XIIe-XVIIIe siècles). Actes du colloque de Bielefeld, Bielefeld, 1989; pp. 375-392, Editions du CNRS.

PANZAC D.
1986 Quarantaines et lazarets. L'Europe et la peste d'Orient (XIIIe - XXe siècles), Aix-en-Provence: Edisud, pp. 219.

PAPAGRIGORAKIS M. J., C. YAPIJAKIS, P. N. SYNODINOS, et E. BAZIOTOPOULOU-VALAVANI
2006 DNA examination of ancient dental pulp incriminates typhoid fever as probable cause of the plague of Athens. *Int. J. Infect. Dis.* 10: 206-214.

PERESS G.
2004 Haines, Tours: Actes Sud.

PFEIFFER S., et R. F. WILLIAMSON
1991 Snake Hill : an investigation of a military cemetery from the War of 1812, Toronto and Oxford: Dundurn Press, pp. 443.

PHYSICIANS FOR HUMAN RIGHTS
1996 PHR forensic team resumes exhumation of mass grave near Vukovar, Croatia;unearths more remains at Lazete, Bosnia site, http://phrusa.org/research/forensic/index.html.

— 2002a Exhumations of Alleged Graves of Ken Saro-Wiwa and Ogoni, http://www.phrusa.org/research/forensics/nigeria/kensaro2.html.

— 2002b Preliminary assessment of alleged mass gravesites in the area of Mazar-I-Sharif, Afghanistan., http://www.phrusa.org/research/afghanistan/report_graves.html.

POPIELSKI B., et T. PRAGLOWSKI
1984 The medico-legal report about the examination of the collective graves and the human corpses in the prisoners of war ramp in Lambinowice near Niedmodlin. *Arch. Med. Sad. i Krym.* 34: 1.

PRENTICE M. B., C. VOONE, W. WHITE, R. W. TITBALL, et R. PRIOR
sous-presse Attempted PCR detection of Yersinia pestis-specific DNA from dental pulp of Black Death victims. In: M. SIGNOLI, D. CHEVE, G. BOËTSCH et O. DUTOUR (eds.), La Peste : entre épidémies et sociétés; pp. 173-177, Firenze: Erga Edizioni.

PRIMORAC D.
2002 Identification of human remains from mass graves found in Croatia and Bosnia and Herzegovina, http://www.promega.com/geneticdproc/ussymploproc/content/07Primorac/.pdf.

PRITCHETT W. K.
1985 The Greek State at War, IV, Berkeley: University of California Press.

RAINIO J., M. HEDMAN, K. KARKOLA, K. LALU, P. PELTOLA, H. RANTA, A. SAJANTILA, N. SÖDERHOLM, et A. PENTTILA
2001a Forensic osteological investigations in Kosovo. *Forensic Science International* 121: 166-173.

RAINIO J., K. LALU, et A. PENTTILA
2001b Independent forensic autopsies in an armed conflict : investigation of the victims from Racak, Kosovo. *Forensic Science International* 116: 171-185.

RAOULT D., G. ABOUDHARAM, E. CRUBEZY, G. LARROUY, B. LUDES, et M. DRANCOURT
2000 Molecular identification by "suicide PCR" of Yersinia pestis as the agent of medieval black death. *Proc. Natl. Acad. Sci.* 97: 12800-3.

RAOULT D., O. DUTOUR, L. HOUHAMDI, R. JANKAUSKAS, P.–E. FOURNIER, Y. ARDAGNA, M. DRANCOURT, M. SIGNOLI, V. DANG LA, Y. MACIA, et G. ABOUDHARAM
2006 Evidence for Louse–Transmitted Diseases in Soldiers of Napoleon's Grand Army in Vilnius. *Journal of Infectious Diseases,* 193: 112–120.

RASZEJA S., et E. CHROSCIELEWSKI
1994 Medicolegal reconstruction of the Katyn forest massacre. *Forensic Science International* 68: 1-6.

REIMANN D., K. DÜWEL, et A. BARTEL
2000 Vereint in den Tod–Doppelgrab 166/167 aus Aschheim. In: Bayerisches Landesamt für Denkmalpflege und Gesellschaft für Archäologie in Bayern (ed.), Das archäologische Jahr in Bayern 1999; pp. 83- 85, Stuttgart: Konrad Theiss verlag.

REVEILLAS H., et D. CASTEX
2006 Recrutement et gestion funéraire : les sépultures multiples de Boulogne-sur-Mer (Pas-de-Calais, XVIIIᵉ siècle), 1831ᵉ réunion scientifique de la société anthropologique de Paris, Paris, 2006.

REVOLAT E.-B.
1803 Nouvelle hygiène militaire ou préceptes sur la santé de l'homme de guerre considérée dans toutes ses positions, comme : les garnisons, les cantonnements, les campements, les bivouacs, les ambulances, les hôpitaux, les embarquements... Lyon: Tarnachon-Molin, pp. 306.

REY A.
1998 Dictionnaire historique de la langue française, Paris: Dictionnaires Le Robert1), pp. 1381p.

REYNAUD P., et B. BIZOT
2005 Une épidémie de peste à Lambesc en 1590 : un faisceau d'arguments archéologiques et historiques. In: B. BIZOT, D. CASTEX, P. REYNAUD et M. SIGNOLI (eds.), La saison d'une peste (avril-septembre 1590). Le cimetière des Fédons à Lambesc (Bouches-du-Rhône); pp. 11-36, Paris: CNRS Editions.

REYNAUD P., N. MOREAU, M. MAURIN, G. DUCOUT, J.-P. MORETTI, et R. THIEBAUX
1996 Lot 32 : Lambesc/Les Fédons (Bouches-du-Rhône). TGV Ligne 5 - secteur I : Avignon - Marseille. Rapport d'évaluation; pp. 72. Aix-en-Provence: AFAN.

RICHIER A.
2005 Etude anthropologique, Arles - rue Renaudel; pp. 15. Arles: INRAP P.A.C.A.

RIGEADE C.
2003 Etude anthropologique d'un charnier de pestiférés. Application à la tranchée 1 du charnier des Capucins de Ferrières (Martigues, Bouches-du-Rhône), [Unpubl. Mémoire de D.E.A., Université de la Méditerranée (Aix-Marseille II). Faculté de Médecine de Marseille], pp. 165.

RIGEADE C., P. ADALIAN, W. DEVRIENDT, et L. LALYS
sous presse Vilnius 2002, les fouilles anthropologiques. In: Y. ARDAGNA, O. DUTOUR, M. SIGNOLI et T. VETTE (eds.), La campagne de Russie, Wilna 1812. Découverte d'un charnier de la Grande Armée de Napoléon, Paris: Librairie historique Tessedre.

RIGEADE C., S. TZORTZIS, B. BIZOT, et M. SIGNOLI
2005 Les ensembles funéraires en relation avec les épidémies de peste. In: X. DELESTRE (ed.), 15 ans d'archéologie en Provence-Alpes-Côte d'Azur; pp. 200-207, Aix-En-Provence: Edisud.

RIGEADE C., S. TZORTZIS, et M. SIGNOLI
2006a Les sépultures de catastrophe des périodes historiques. In: Y. ARDAGNA, B. BIZOT, G. BOËTSCH et X. DELESTRE (eds.), Les collections ostéologiques humaines : gestion, valorisation, perspectives; pp. 139-142, Aix-En-Provence: Bulletin Archéologique de Provence, Supplément 4.

RIGEADE C., J.-M. WILLOT, P. DEMOLON, E. RABINO MASSA, et M. SIGNOLI
2006b Approche anthropologique de sépultures de catastrophe du XVIIIe siècle (Rue Martin du Nord, Douai, France). C. R. Paleovol 5: 901-907.

RINEHART D.
2004 Excavations of skeletal remains from an anthropological point of view, http://www.crime-scene-investigator.net/excavation.html.

RINGBOEL BITSCH B.
1991 Archaeological excavation Report "Vodroffsgaard", KBM 836. Copenhagen: City Museum, Copenhagen, Denmark.

ROLLO F.
1999 A war wound in a skeleton from the battlefield of Tolentino (2-3 may 1815). Journal of Paleopathology 11: 41-46.

ROUBAUD E.
1915 Détection des mouches et désinfection des cadavres dans la zone des combats. Comptes-rendus hebdomadaires des séances de l'Académie des Sciences: 692-694.

ROUSTEL D.
2003 Tchétchénie, un peuple en voie de disparition, http://www.humanite.presse.fr/journal/.

SALAHUDDIN S.
2002 Kaboul prêt à enquêter sur un charnier du nord de l'Afghanistan, http://www.liberation.com/.

SALOMON A.
1913 Le charnier gaulois de Moeuvres (Nord). Bull. Société Prehistorique Française: 319-322.

SANCHEZ J. A., P.A. DEL RIO, et J.L. PRIETO
1999 Paleopathology in a collective burial dated from 1834 in Alcala La Real. Journal of Paleopathology 11: 104.

SANFORD V.
2003 Buried secrets. Truth and human rights in Guatemala, New-York: Palgrave Macmillan, pp. 313.

SÄRKIOJA T, J. PUTAALA, L. RAATINIEMI, S. HUUMONEM, S. KORTELAINEM, M. MÄKIVUOTI, et J. HIRVONEN
2004 Investigations on a grave with 13 unknown bodies in Northern Finland. Deaths caused by an epidemic or a famine ?, http://www.medline.ru/monograf/sudmed/a2/5tsast-7.shtml.

SAUNDERS R.
2002 Tell the truth : the archaeology of human rights abuses in Guatemala and the former Yugoslavia. In: J. SCHOFIELD, W. G. JOHNSON et C. M. BECK (eds.), Material and Culture : the archaeology of

twentieth century conflict, London-New-York: One World Archaeology.

SCARUFFI P.
2006 Natural disasters, http://www.sacruffi.com/politics/disasters.html.

SCHMITT S.
2001 Mass graves and the collection of forensic evidence : genocide, war crimes, and crimes against humanity. In: W. D. HAGLUND et M. H. SORG (eds.), Advances in forensic taphonomy; pp. 278-292, Boca Raton: CRC Press.

SCOTT D. D.
2000 Battlefield Archaeology : patterns of combat in the American Indian wars. In: P. W. M. FREEMAN et A. POLLARD (eds.), Abstracts from the conference : Fields of conflict : progress and prospect in battlefield archaeology, Dept. of Archaeology, University of Glasgow, 2000.

SCOTT D. D., et M. A. CONNOR
1997a Context delicti : archaeological context in forensic work. In: W. D. HAGLUND et M. H. SORG (eds.), Forensic taphonomy. The postmortem fate of human remains; pp. 27-38, Bocca Raton: CRC Press.

—

1997b The Koreme execution site : a modern crime scene investigation using archaeological techniques. In: W. D. HAGLUND et M. H. SORG (eds.), Forensic Taphonomy : The Postmortem Fate of Human Remains; pp. 34-38, Boca Raton: CRC Press.

SCOTT D. D., P. WILLEY, et M. A. CONNOR
1998 They died with Custer. Soldiers'bones from the battle of the Little Bighorn: University of Oklahoma Press : Norman, pp. 389.

SHARPLES N. M.
1991 Maiden Castle : excavations and field survey 1985-6, London: English Heritage.

SIGNOLI M.
1995 Etude anthropologique de charniers de pestiférés. Application à la fosse "Leca" (Marseille) et au charnier du "Délos" (Martigues). [Unpubl. Mémoire de D.E.A., Université de Provence], pp. 111.

—

1998 Etude anthropologique de crises démographiques en contexte épidémique. Aspects paléo- et biodémographiques de la Peste en Provence, [Unpubl. Thèse, Université de la Méditerranée - Aix-Marseille II. Faculté de Médecine], pp. 330.

—

2000 A propos des sites d'inhumations, associés à l'épidémie de peste de 1720, dans le quartier de la Cathédrale de la Major de Marseille; pp. 8. Marseille: UMR 6578 CNRS - Université de la Méditerranée - Service d'Anthropologie Biologique - Faculté de Médecine de Marseille.

—

2001 Le cimetière des pestiférés de Lariey, Puy-Saint-Pierre (Hautes-Alpes). Document Final de Synthèse - Opération de sondage; pp. 39: UMR 6578 CNRS - Université de la Méditerranée.

—

2006 Etude anthropologique de crises démographiques en contexte épidémique. Aspects paléo- et biodémographiques de la Peste en Provence, Oxford: B.A.R. International Series 1515, pp. 156.

SIGNOLI M., Y. ARDAGNA, P. ADALIAN, W. DEVRIENDT, L. LALYS, C. RIGEADE, T. VETTE, A. KUNCEVICIUS, J. POSKIENE, A. BARKUS, Z. PALUBECKAITE, A. GARMUS, V. PUGACIAUSKAS, R. JANKAUSKAS, et O. DUTOUR
2004 Discovery of a mass grave of Napoleonic period in Lithania. *C. R. Paleovol* 3: 219-117.

SIGNOLI M., J. CHAUSSERIE-LAPREE, et O. DUTOUR
1995 Etude anthropologique d'un charnier de la peste de 1720-1721 à Martigues. *Préhistoire Anthropologie Méditerranéennes* 4: 173-189.

SIGNOLI M., J. DA SILVA, E. GEORGEON, G. LEONETTI, et O. DUTOUR
1996 Vérification de la mort durant la Grande Peste de Marseille : données anthropologiques issues de la fouille du charnier de l'Observance. *C.R. Acad. Sci. Paris* 322: 333-339.

SIGNOLI M., W. DEVRIENDT, et Y. ARDAGNA
2001 Etude anthropologique des ossements humains découverts au lieu dit " la Butte aux Herbes " (Draguignan, Var); pp. 15. Marseille: UMR 6578 CNRS-Université de la Méditerranée.

SIGNOLI M., et O. DUTOUR
1997 Etude anthropologique d'un charnier de la grande peste à Marseille (1720-1722). Premiers résultats. *Anthropologie et Préhistoire* 108: 147-158.

SIGNOLI M., S. TZORTZIS, B. BIZOT, Y. ARDAGNA, C. RIGEADE, et I. SEGUY
sous-presse Découverte d'un cimetière de pestiférés du XVIIe siècle. In: M. SIGNOLI, D. CHEVE, G. BOËTSCH et O. DUTOUR (eds.), La Peste : entre épidémies et sociétés; pp. 61-64, Firenze: Erga Edizioni.

SKINNER M.
1987 Planning the archaeological recovery of evidence from recent mass graves. *Forensic Science International* 34: 267-287.

SKINNER M., D. ALEMPIJEVIC, et DJURIC-SREJIC M.
2003 Guidelines for international forensic bio-archaeology monitors of mass grave exhumations. *Forensic Science International* 134: 81-92.

SKINNER M., H. P. YORK, et M. A. CONNOR
2001 Postburial disturbance of graves in Bosnia-Herzegovina. In: W. D. HAGLUND et M. H. SORG (eds.), Advances in forensic taphonomy; pp. 294-308, Bocca Raton: CRC Press.

SNOW C. C., L. LEVINE, L. LUKASH, L. G. TEDESCHI, C. ORREGO, et E. STOVER
1984 The investigation of the human remains of the "disappeared" in Argentina. *The American Journal of Forensic Medicine and Pathology* 5: 297-299.

SPENCER J. D.
1983 George Amstrong Custer and the Battle of the Little Bighorn : homicide or mass suicide ? *J. Forensic Sci.* 28: 756-761.

SPROGOE-JAKOBSEN S., ERIKSSON A., HOUGEN HP., PJT. KNUDSEN, P. LETH, et N. LYNNERUP
2001 Mobile autopsy teams in the investigation of war crimes in Kosovo 1999. *J. Forensic Sci.* 46: 1392-1396.

STANBURY M.
2000 Albrolhos Islands, archaeological sites : interim reports. *Australian National Centre of Excellence for Maritime Archaeology Special Publication* 5.

STARBUCK D. R.
1993 An unpublished 1950's excavation and more recent skeletal analysis yield graphic new details about the slaughter of a British garrisson during the French and Indian War. *Archaeology*: 43-46.

STOVER E.
1985 ScientistsAidSearch for Argentina's"Desaparecidos". *Science* 230: 56-57.

—
1992 Unquiet graves : the search for the disappeared in Iraqi Kurdistan. New-York: Middle East Watch and Physicians for Human Rights.

—
1997 The Grave at Vukovar. *Smithsonian* 27: 40.

STOVER E., W. D. HAGLUND, et M. SAMUELS
2003 Exhumation of mass graves in Iraq. *JAMA* 290: 663-666.

STOVER E., et G. PERESS
1998 The graves, Srebrenica and Vukovar, Zurich: Scalo Edition, pp. 333.

STOVER E., et M. RYAN
2001 Breaking bread with the Dead. *Historical archaeology* 35: 7-25.

STRINOVIC D., J. SKAVIC, I. KOSTOVIC, N. HENIGSBERG, M. JUDAS, et D. CLARK
1994 Identification of war victims in Croatia. *Med. Sci. Law* 34: 207-212.

SUCKOW K. F. E.
2001 D'Iéna à Moscou, fragments de ma vie, Paris: Librairie des deux Empires, pp. 315.

SUTHERLAND T.
2000 Recording the grave. In: V. FIORATO, A. BOYLSTON et C. KNÜSEL (eds.), Blood Red Roses, The archaeology of a mass grave from the battle of Towton AD 1461; pp. 36-44, Oxford: Oxbow Books.

—
2005 Battlefield archaeology - A guide to the archaeology of conflict: British Archeological Job Resource, pp. 19.

SUTHERLAND T., et A. BOYLSTON
2001 Mass grave marks England's bloodiest battle,
http://www.usatoday.com/news/science/anthro/2001-11-05-english-battle.htm.

SUTTEL R.
1986 Catacombes et carrières de Paris, Paris: Editions S.E.H.D.A.C.S., pp. 222.

TARDIEU J.
1993 La dernière demeure : archéologie du cimetière et des modes d'inhumation. In: D. ALEXANDRE-BIDON et C. TREFFORT (eds.), A réveiller les morts. La mort au quotidien dans l'Occident médiéval; pp. 223-244, Lyon: PUL.

TER MINASSIAN T.
2005 Le cas arménien : de l'usage du "massacre" dans le discours négationniste. In: D. EL KENZ (ed.), Le massacre, objet d'histoire; pp. 318-332, Paris: Gallimard. Collection Folio Histoire, 138.

TESCHLER-NICOLA M., F. GEROLD, M. BUJATTI-NARBESHUBER, T. PROHASKA, C. LATKOCZY, G. STINGEDER, et M. WATKINS
1999 Evidence of genocide 7000 BP-Neolithic paradigm and geo-climatic reality. *Coll. Anthropol.* 23: 437-450.

THIBAUT-PAYEN J.
1977 Les morts, l'Eglise et l'état. Recherches d'histoire administrative sur la sépulture et les cimetières dans le ressort du parlement de Paris aux XVIIᵉ et XVIIIᵉ siècles, Paris: Editions Fernand Lanore, pp. 456.

THOMAS L.-V.
1980 Le cadavre, de la biologie à l'anthropologie, Bruxelles: Editions complexe, pp. 215.

THOMAS M., P. GILBERT, J. CUCCUI, W. WHITE, N. LYNNERUP, R. W. TITBALL, A. COOPER, et M. B. PRENTICE
2004 Absence of *Yersinia pestis*-specific DNA in human teeth from five European excavations of putative plague victims. *Microbiology* 150: 341-354.

THOMSEN J. L., J. GRUSCHOW, et E. STOVER
1989 Medicolegal investigation of pollitical killings in El Salvador. *The Lancet*: 1377-1379.

THORDEMAN B.
1939 The excavations. In: B. THORDEMAN (ed.), Armour from the Battle of Wisby; pp. 46-92: Chivalry Bookshelf.

TRIANTAPHYLLOU S., et M. BESSIOS
2005 A mass burial at fourth century BC Pydna, Macedonia, Greece: evidence for slavery ?, http://antiquity.ac.uk/ProjGall/triantaphyllou/.

TUCHMAN B. W.
1980 La peste qui dépeupla l'Europe. *Historia*: 42-50.

TURNER C. G., et N. T. MORRIS
1970 A massacre at Hopi. *Antiquity* 35: 320-331.

TZORTZIS S.
2005 Les tranchées des Capucins de Ferrières. Un charnier de la grande peste de 1720-1722 en Provence; pp. 253. Martigues: Document Final de Synthèse, Service Archéologie, ville de Martigues.

TZORTZIS S., C. RIGEADE, Y. ARDAGNA, P. ADALIAN, I. SEGUY, et M. SIGNOLI
sous presse Un charnier de peste de 1720-1722 en Provence : les tranchées des Capucins de Ferrières à Martigues (Bouches-du-Rhône, France) - Premières données. In: M. SIGNOLI, D. CHEVE, G. BOËTSCH et O. DUTOUR (eds.), La Peste : entre épidémies et sociétés, Marseille, sous presse, Erga Edizioni.

VAN B.
2003 Guatemala's mass graves ignored by mass media, http://www.wsws.org/articles/2003/jul2003/guat-j02.shtml.

VOVELLE M.
1974 Mourir autrefois. Attitudes collectives devant la mort aux XVIIᵉ et XVIIIᵉ siècles, La Flèche: Editions Gallimard / Julliard, pp. 251.
— 1983 La mort et l'Occident de 1300 à nos jours, Paris: Gallimard, pp. 793.
— 1993 L'heure du grand passage. Chronique de la mort, Paris: Découverte Gallimard (Culture et Société, 171), pp. 160.

WARREN C. P.
1979 Verifying identification of military remains : a case study. *J. Forensic Sci.* 24: 182-188.

WIECHMANN I., et G. GRUPE
2005 Detection of *Yersinia pestis* DNA in two early medieval skeletal finds from Aschheim (upper Bavaria, 6 th Century A.D.). *Am. J. Phys. Anthropol.* 126: 48-55.

WILBERS-ROST S.

1992 Grabungsbefunde auf dem "Oberesch" in Kalkriese, Stadt Bramsche, Landkreis Osnabrück. In: W. SCHLÜTER (ed.), Archäologische Zeugnisse zur Varusschlacht? Die Untersuchungen in der Kalkrieser-Niewedder Senke bei Osnabrück; pp. 332-335: Germania.

— 2003 La "bataille de Varus": une embuscade établie par les Germains en l'an 9 ap. J.-C. pour attaquer les Romains, Rabat, 2003.

— 2004 The battle of Varus (9 A.D.) - Archaeological remains, http://cairnworld.free.fr.

WILLEY P., et T. E. EMERSON

1993 The osteology and archaeology of the Crow Creek massacre. *Plains Anthropologist* 38: 227-269.

WILLEY P., A. GALLOWAY, et L. SNYDER

1997 Bone mineral density and survival of elements and element portions in the bones of the Crow Creek massacre victims. *Am. J. Phys. Anthropol.* 104: 513-528.

WILLEY P., et D. D. SCOTT

1996 "The bullets buzzed like bees" : gunshot wounds in skeletons from the battle of the Little Bighorn. *Int. J. Osteoarchaeol.* 6: 15-27.

— 1999 Who's buried in Custer's grave ? *J. Forensic Sci.* 44: 656-665.

WILLIAMS P. B., P. ERICKSON, et L. NIVEN

2001 Retrieving history : the 18th century mortuary history of the little dutch church, Halifax. In: J.-L. PILON, M. W. KIRBY et C. THIERAULT (eds.), 33rd Annual meeting of the Canadian Archeological Association, 2001, The Ontario Archeological Society Inc.

WOOD W. R., et L. A. STANLEY

1989 Recovery and identification of World War II dead : american graves registration activities in Europe. *J. Forensic Sci.* 34: 1365-1373.

WORONOWYCZ R.

2002 Mass grave at Zhovskva monastery : the mystery continues, http://www.ukreekly.com/Archive/2002/390204.shtml.

WRIGHT R., I. HANSON, et J. STERENBERG

2005 The archaeology of mass graves. In: J. R. HUNTER et M. COX (eds.), Forensic archaeology, advances in theory and practice; pp. 137-158, London: Routledge.

ZASLAVSKY V.

2003 Le massacre de Katyn, Monaco: Editions du Rocher, pp. 164.

ZOFFMANN ZSUZSANNA K.

1982 Anthropologishe untersushung der skelettreste aus den im jahre 1976 freigelegten massengräbern der schlacht bei mohac 1526. *Biologiai Tanulmanyok* 9: 27-46.

128

TABLE DES ILLUSTRATIONS